JN418591

박용우 저

대한예수교장로회 총회훈련원 | 숭실대학교 문화선교연구소

본 교재의 특징

1. 신·구약 성경의 핵심적인 문제를 다루고 있다.
2. 성서시대의 문화를 통해 성경을 배운다.
3. 프로젝터 사용을 위한 CD를 부착했다.
4. On-line 동영상 강의로 교재를 보충할 수 있다.
   (www.bestbible.org의 멀티미디어자료 중에서 성서지리편 참고)
5. 문화성경책과 스마트폰(아이폰, 안드로이드폰)의 문화성경 어플을 참고할 수 있다.

문화성경 CD에 대하여

1. 성지의 사진, 역사 및 고고학자료를 종합
2. 세계에 흩어져 있는 성지와 박물관 자료 수록
3. 성경의 배경자료와 함께 충실한 내용
4. 성경에서 언급하는 문화와 사회적 문화의 상호 이해

성경지도자 과정

대학 학기에 맞춰 매주 목요일 14:00 ~ 17:00 숭실대학교에서 강의가 있음
(자세한 내용은 www.bestbible.org를 참조)

인사말

문화로 배우는 성경은 PDF로된 신 · 구약 성경 CD교재로서 성경의 문화적인 유적과 유물들을 사진과 해설로 볼 수있는 교육용 컨텐츠 입니다. 세계 20개국에서 촬영하고 수집한 성경에 관련된 성지와 박물관 자료들을 한데 모아 교재로 편집했습니다. 멀티미디어 활용 교재로서 CD에 들어있는 PDF 성경교재는 개인적인 공부나 그룹집회에서 프로젝터(Projector)를 통해 스크린에 비추거나 TV에 연결해서 사용할 수 있습니다.

성경을 이해하면 고전문화(앗시리아, 바빌론, 페르시아, 그리스, 로마 등)를 알게 되며, 기독교를 알면 고대에서 현대까지의 문화를 이해하게 됩니다.

본 교재와 함께 사용할 성경책으로 문화성경을 추천합니다. 문화성경은 본 교재의 저자가 숭실대학교 출판부를 통해 출판한 성경으로 개역개정판 한글 성경을 바탕으로 성경의 문화와 역사를 사진과 함께 해설한 성경입니다. 성경 각 권의 개요도 문화성경에 있는 내용을 참고하시기 바랍니다. (문화성경 문의: 숭실대 출판부, 02-820-0771)

문화성경은 스마트 폰(아이폰과 안드로이드폰)으로도 볼 수 있습니다. 스마트 폰 엡스토이에서 '문화성경' 을 치면 문화성경 어플을 다운 받을 수 있습니다.

이 교재가 성경의 문화적 이해를 도와주고 효과적인 성경교육자료로 활용되기를 간절히 소망합니다.

2011. 5. 1. 박용우 교수 (숭실대학교 기독교학대학원)

Contents

CHAPTER 1

성서지리와 문화

서론편

동영상강의 웹사이트 : www.bestbible.org 〉 멀티미디어 교육자료에서 성서시리 편

시대별로 나타난 하나님의 구원

1. 에덴동산에서 선악과를 따먹은 아담과 이브를 어떻게 구원하셨는가?
(창 3:21 짐승이 희생된 가죽 옷은 예수님의 희생을 의미한다)

2. 대홍수 심판 때 노아의 가정을 어떻게 구원하셨는가? (창 6:17-22)

3. 메소포타미아에 있던 아브라함을 어떻게 구원하셨는가? (창 12:1-3)

4. 이집트에서 노예생활을 하던 이스라엘 백성을 어떻게 구원하셨는가? (출 3:10)

5. 바빌론에 포로로 끌려 갔던 유대인들을 어떻게 구원하셨는가? (이사야 44:28)

6. 메시아로 오신 예수 그리스도는 죄악에 빠진 세상 사람들을 어떻게 구원하셨는가?
(누가복음 23:33-46)

7. 우리는 어떻게 하면 구원 받을 수 있는가? (요한복음 3:16)

구약의 시대구분과 해당 성경책들

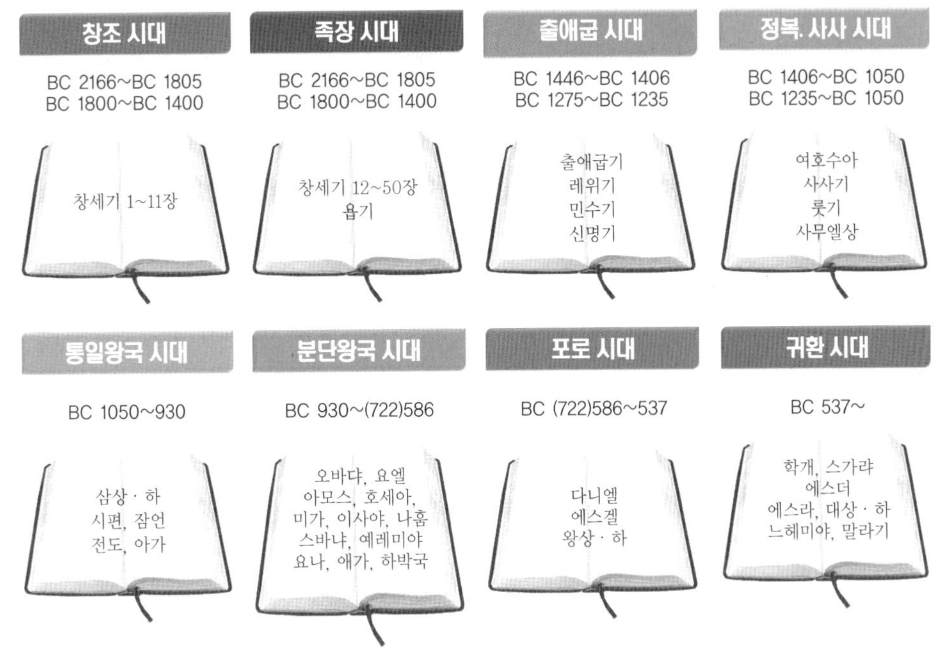

구약성경이 기록된 시대별 요약

- **출애굽 때 광야에서 기록된 책**
  모세 오경 (창, 출, 레, 민, 신)
  요세푸스 – 모세가 기록했다고 증언 (유대고대사 4권 8장 44절)
  모세는 자기의 죽음까지도 기록했다고 함 (유대고대사 4권 8장 48장)
- **가나안 정복 후 사사 시대에 기록된 책** – 수, 삿, 룻, 삼상.하, 욥기
- **통일 왕국 시대에 기록된 책** – 시, 잠, 전, 아
- **분열 왕국 시대에 기록된 책** – 아모스, 호세아, 요나, 나훔, 요엘, 이사야, 미가, 스바냐, 하박국, 오바댜
- **바빌론 포로 당시에 기록된 책** – 예레미야, 애가, 열왕기상.하, 에스겔, 다니엘
- **바빌론 포로 귀환 후에 기록된 책** – 역대상.하, 에스라, 느헤미야, 에스더, 학개, 스가랴, 말라기

구약성경이 기록된 지역별 요약

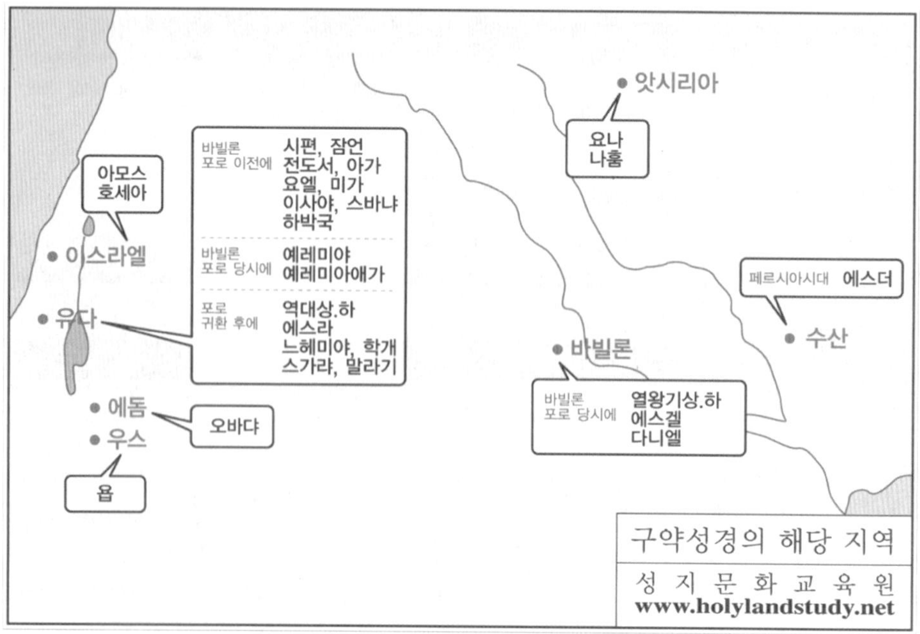

선지자들이 활동한 지역

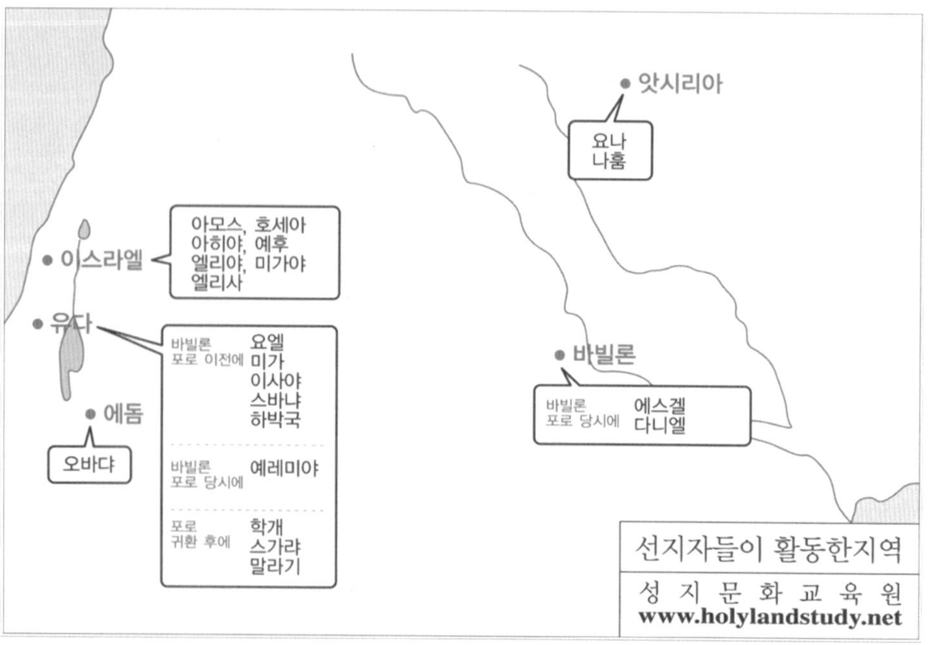

예수님 당시의 이스라엘

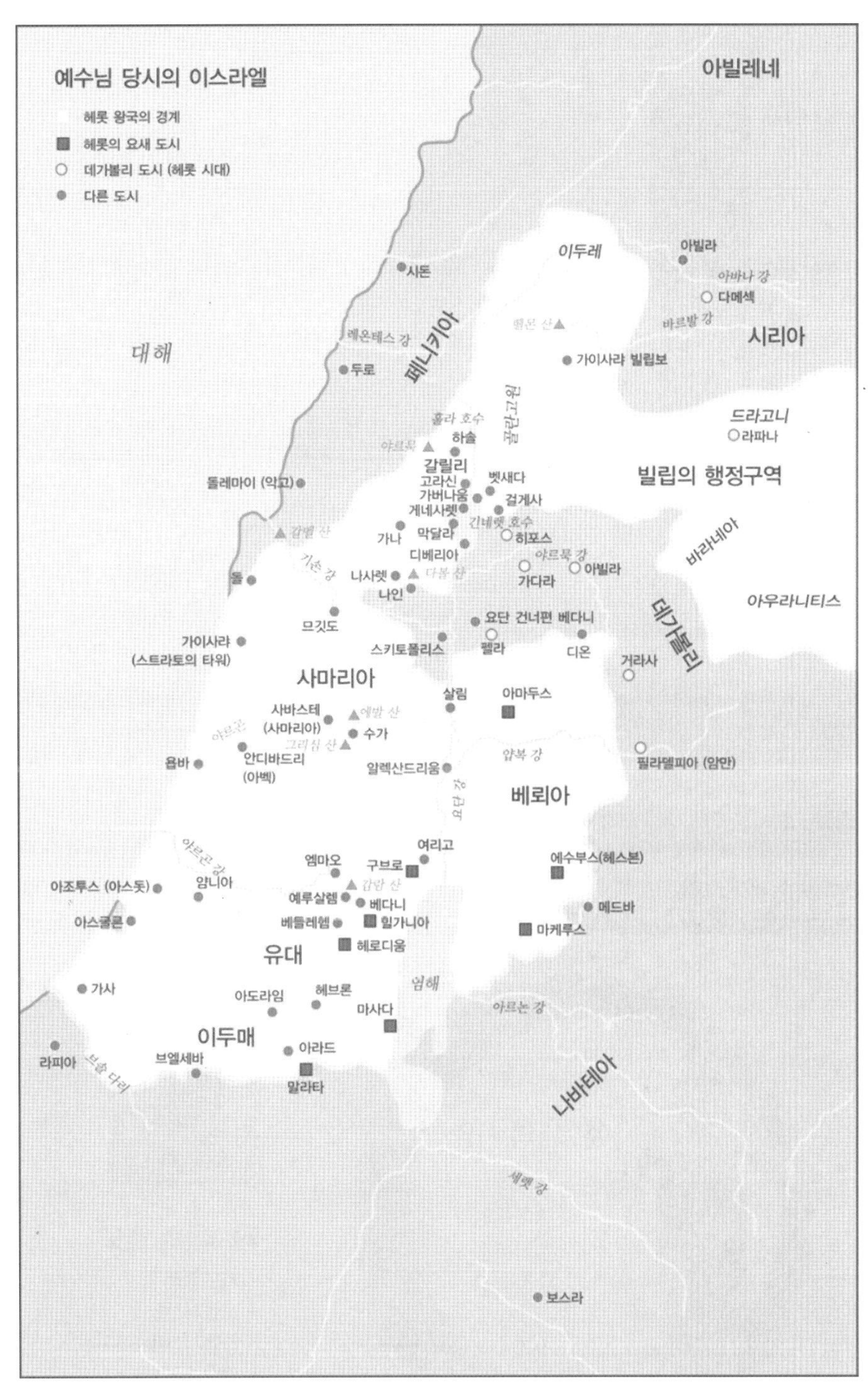

예수님 당시의 이스라엘
헤롯 왕국의 경계
헤롯의 요새 도시
데가볼리 도시 (헤롯 시대)
다른 도시
아빌레네
이두레
아빌라
다메섹
시리아
시돈
페니키아
대해
두로
가이사랴 빌립보
드라고니
라파나
하솔
갈릴리
고라신
벳새다
가버나움
겁게사
게네사렛
빌립의 행정구역
돌레마이 (악고)
가나
막달라
히포스
디베리아
바라네아
돌
나사렛
나인
가다라
아빌라
데가볼리
아우라니티스
므깃도
요단 건너편 베다니
가이사랴
(스트라토의 타워)
스키토폴리스
펠라
디온
거라사
사마리아
살림
아마두스
사바스테
(사마리아)
수가
안디바드리
(아벡)
욥바
알렉산드리움
필라델피아 (암만)
베뢰아
여리고
엠마오
구브로
예수부스(헤스본)
아조투스 (아스돗)
얌니아
예루살렘
베다니
메드바
아스글론
베들레헴
힐가니아
마케루스
헤로디움
유대
가사
아도라임
헤브론
마사다
이두매
아라드
라피아
브엘세바
말라타
나바테아
보스라

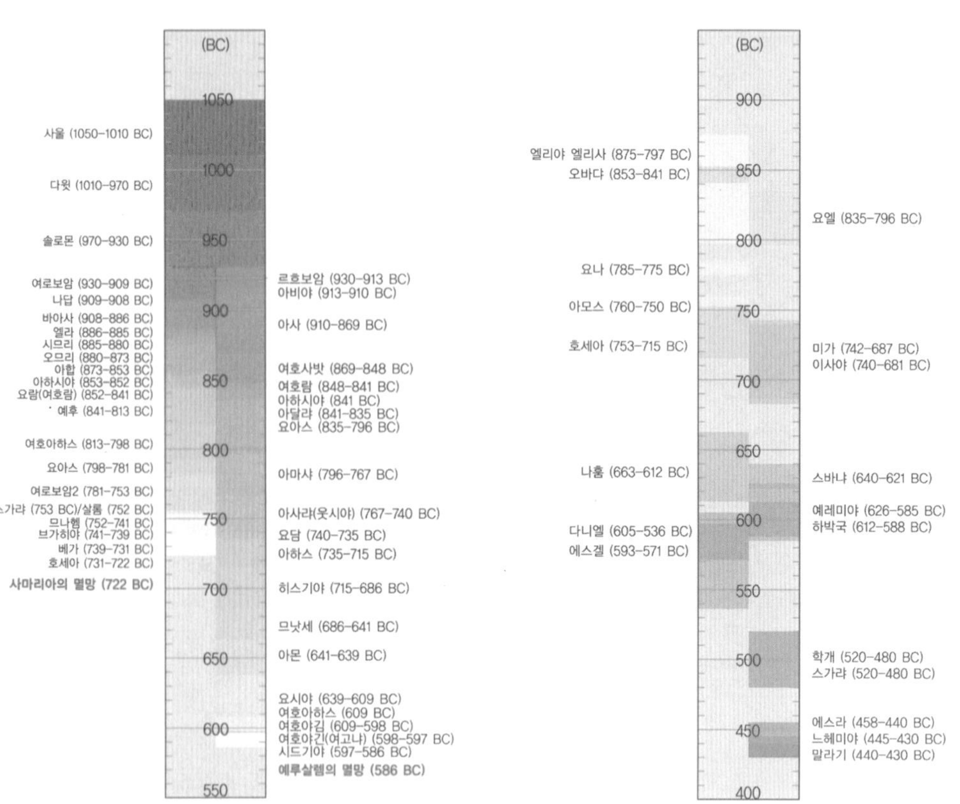

왕들의 정확한 통치 연대에 대해 학자들간에 약간의 견해차이가 있다.

신약성경

제자들의 전도

- 사도행전
- 바울서신들
- 공동서신들
- 요한 1,2,3서
- 요한계시록

신약성경 분류

복음서	역사서	바울 서신	공동 서신	예언서
마태복음 마가복음 누가복음 요한복음	사도행전	데살로니가 전후서 갈라디아서 고린도 전후서 로마서 에베소서 골로새서 빌레몬서 빌립보서 디도서 디모데 전후서	히브리서 야고보서 베드로전후서 요한 1, 2, 3서 유다서	요한계시록

동영상강의 웹사이트: www.bestbible.org 〉 멀티미디어 교육자료에서 성서지리 편

신약성경이 기록된 장소

서론편의 내용을 정리해 봅시다.

CHAPTER 2

성서지리와 문화

창세기

빛

주의 말씀은 내 발에 등이요 내 길에 빛이니이다. (시 119:105)

천지창조

빛
1일
하늘
2일
땅
바다
식물
3일
해
달
별
4일
물고기
새
5일
가축
들짐승
사람
6일
안식
7일

창조 이야기(창세기)

하나님은 6일 동안 천지만물을 창조하시고 제 7일째 되는 날에는 쉬셨다.
하나님이 창조하시기 전에 우주는 아무 형태도 없이 텅 비어 있었고 캄캄한 어두움 속에 있었다. 하나님은 빛을 창조하시고 우주 만물을 창조하셨다.
하나님 자신만 스스로 있는 존재이고 물질세계든 정신세계든 하나님이 창조하지 않은 것은 아무것도 없으며 하나님 외에는 다른 창조자가 없었다.
하늘과 땅과 바다와 그 가운데 있는 만물을 하나님이 다 창조하셨다.
그러나 그 중에서 **사람**만이 유일하게 **하나님의 형상**으로 지음을 받았다.
(창 1:26). 따라서 사람 외에는 하나님과 인격적인 관계를 가지는 존재가 없다.
하나님의 형상은 외적인 모양이 아니라 지식과 감정과 의지 등 내적인 인격을 말한다.
창세기는 하나님의 창조와 하나님과 사람과의 관계에 대해 말하고 있다.
하나님은 흙으로 사람을 만드시고 그 코에 생기를 불어 넣으심으로 사람들로 하여금 산 존재가 되게 하셨다(창 2:7).
하나님이 에덴에 동산을 만드시고 창조한 인간을 거기서 살게 하셨다.

창세기

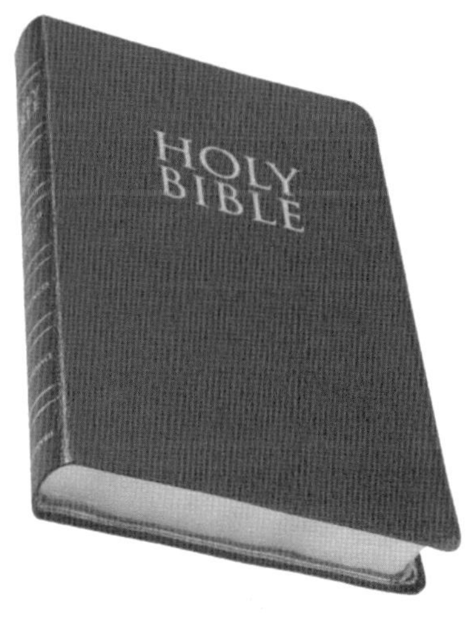

1 ~ 11장

우주 창조 인류의 타락, 노아홍수,
노아 후손의 분포, 바벨탑 사건

12 ~ 50장

아브라함, 이삭, 야곱, 요셉 등
족장들의 선택과 하나님의 구원의 역사

성경에 나오는 지역들

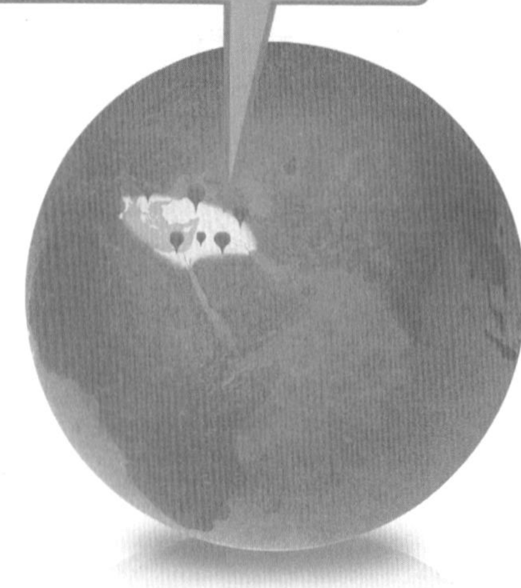

유럽의 남부
소아시아
지중해
중동
북아프리카

에덴 동산의 실과

1. **일반 실과(창 2:9)** – 금지된 것도 아니고, 영생하는 것도 아닌 열매
   (먹어도 그만, 안 먹어도 그만)
2. **선악을 알게 하는 나무의 열매(창 2:9)** – 먹어서는 안 되는 열매
   선악과 먹은 뒤에 – 선악판단의 기준이 하나님에게서 자기에게 옮겨감
3. **생명나무의 열매** – 먹어야 영생하는 열매(창 2:9, 계 22:2)
   생수(요 4:10)
   생명수 샘물(계 21:6)

최초의 사람 아담의 범죄

창 3:10-11

"내가 벗었으므로 두려워하여 숨었나이다"

전에도 옷을 벗고 살았는데,
왜 지금 와서 두려운가?
금단의 실과를 먹고 약속을 저버림으로
義를 벗은 것이 두렵고 부끄럽다.

아담 이후 우리는 다 의를 벗은 사람이다. - 부끄러움과 두려움
의의 옷을 입어야 한다.

1. 인간의 수단으로 만든 무화과 나무 잎으로 안됨
2. 하나님이 입혀 주신 가죽 옷
   (하나님의 어린 양 예수께서 십자가에 흘리신 피로 입혀 주는 의의 옷을 입어야 한다.)

하나님의 창조 - 인간의 범죄와 벗은 것 - 하나님이 입혀 주시는 의의 옷
(이것이 계시와 역사와 성경의 주제임)

언약궤

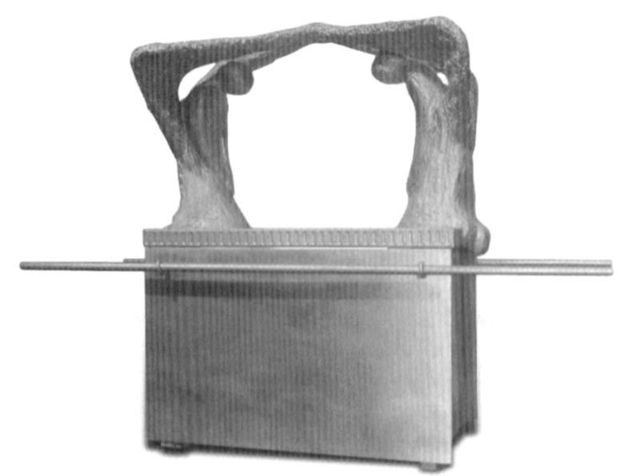

그룹(창 3:24)

"이같이 하나님이 그 사람을 쫓아내시고 에덴 동산 동쪽에 그룹들과 두루 도는 불 칼을 두어 생명 나무의 길을 지키게 하시니라"

그룹은 수호천사로서 영어성경에는 다음과 같이 번역했다.
Cherubim (NIV)
Living creature (TEV)
Winged creature (CEV)

방 주

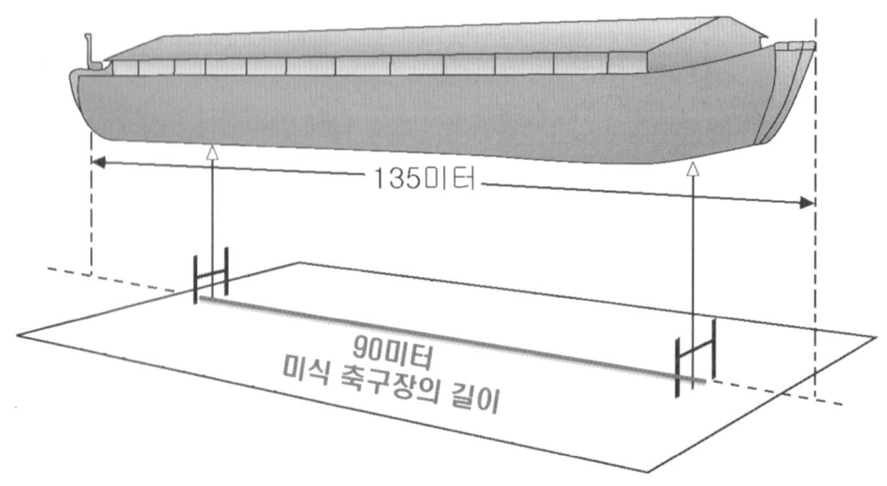

방주의 길이 (창 6:15) 300 규빗 (1규빗은 45cm)

방주가 앉았던 자리

노아방주가 앉았던 자리로 추정되는 방주 모양의 장소 - 아라랏 산, 터키

아카드의 사르곤

Sargon of Akkad

2355년 경 BC에 출생

아카드의 사르곤은 메소포타미아의
모든 작은 나라들을 정복하여
아카디안 국가를 창설했다.

나람 신

Naram-Sin
2254-2214 BC

나람 신은 아카디안 왕조의 4번째 왕으로
Sargon의 손자이다.
이름의 뜻은 달신인 'Sin의 사랑을 받는 자' 이다.
메소포타미아에서 처음으로 중앙정부를
수립했으며 역사상 첫 제국을 만든 왕이다.
영토를 걸프만에서 지중해까지 확장했으며
동쪽으로는 이란, 북쪽으로는
소아시아까지 이르렀다.

나람 신의 전승기념비

- **고대제국**

  아카드제국 - 고대 바빌론제국 - 힛타이트 - 앗시리아제국 - 신 바빌론제국 - 페르시아제국 - 헬라제국 - 로마제국

- **고대로 부터 세계의 통용어**

  아카디안어 - 아람어 - 헬라어 - 라틴어 - 영어

● 아브라함의 선택 (창세기 12:1-3)

(창 12:1) 여호와께서 아브람에게 이르시되 너는 너의 고향과 친척 아버지의 집을 떠나 내가 네게 보여 줄 땅으로 가라

(창 12:2) 내가 너로 큰 민족을 이루고 네게 복을 주어 네 이름을 창대하게하리니 너는 복이 될지라

(창 12:3) 너를 축복하는 자에게는 내가 복을 내리고 너를 저주하는 자에게는 내가 저주하리니 땅의 모든 족속이 너로 말미암아 복을 얻을 것이니라 하신지라

● 아브라함 선택의 의미

아브라함은 하나님의 복을 받은 자로 땅의 모든 족속이 그를 인하여 복을 얻음

(아브라함의 후손을 통해 메시아가 탄생하고, 성경이 기록됨)

하 란

아브라함이 하나님의 부르심을 받고 떠났던 곳이다.
지금 터키의 동남쪽에 위치하지만 옛날에는 시리아의 북쪽이었다.

함무라비

함무라비
(BC 1800년)

아브라함은 BC 1800년 경의 사람이며
함무라비의 고향 우르의 북쪽에는 바빌론이라는
도시가 있었다.
고대 바빌론은 함무라비 왕(Hammurabi)
때에 전성기를 이루었으며, 이 함무라비 왕이
바로 아브라함 시대의 사람이다.
창세기 14:1에 나오는 시날 왕 아므라벨이
함무라비 왕으로 알려져 있다.

함무라비 법전

함무라비 법전
(Law-Codex of Hammurabi)

BC 1800년의 것으로 높이 2.25m의 검은 현무암에
법전이 새겨져 있으며 위에는 함무라비가 태양신 사마스
(Shamash) 앞에 기도하고 있다. 이 법전이 신에게서
나왔다는 것을 상징하기 위함이다.
아카디안(Akkadian, Semitic) 언어로 새겨져 있다.
모세의 율법과 함께 세계 법률의 고전이다.
수산성에서 발견되어 Louvre 박물관에 보관되어 있다.

함무라비(Hammurabi) 1726-1686 BC

함무라비는 고대 바빌론의 5대 왕이다.
고대 바빌론은 바빌론, 수메르, 아카드 지방을 다스렸다.

아브라함의 이동경로

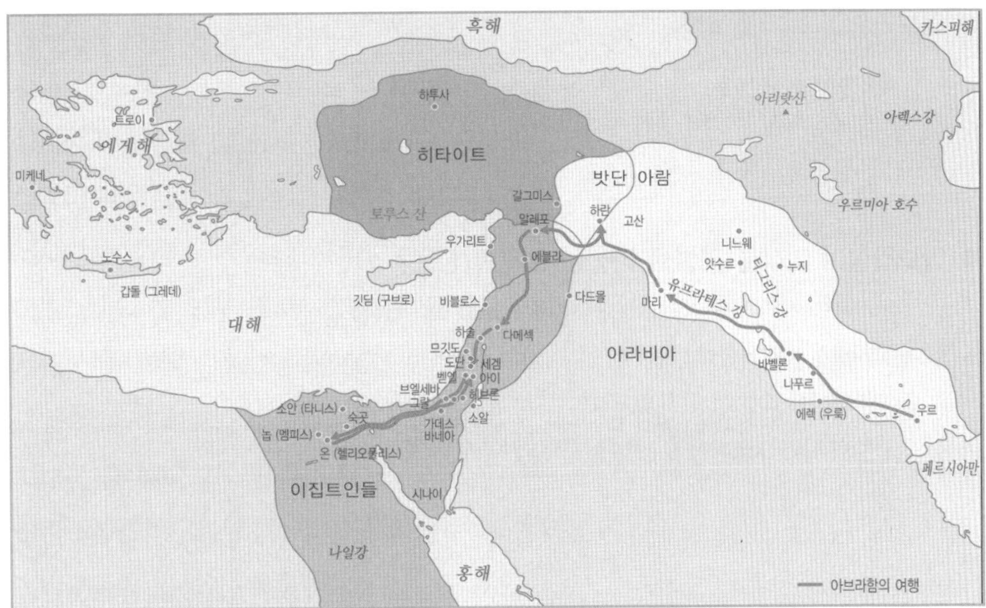

아브라함의 이동경로 (창 12장) – 아브라함은 함무라비와 동시대 인물임

소돔과 고모라

창 19:24 "유황과 불을 소돔과 고모라에 비같이 내리사"

모리아 산

● 아브라함이 독자를 바침

1. 가장 소중한 것을 바침
2. 믿음의 조상이 됨 (이삭을 통한 자녀 축복을 믿음)
3 가장 큰 축복을 받음

● 아브라함이 이삭을 제물로 바쳤던 모리아 산은?

1. 다윗이 여부스 사람 오르난의 타작마당에서 하나님께 제단을 쌓았던 곳
2. 솔로몬이 성전을 지었던 자리
3. 예수님 당시에 헤롯 성전이 있던 자리
4. 오늘 바위 사원(Dome of the Rock, 모스크)이 있는 자리이다.

모리아 산, 성전자리, (Dome of the Rock)

뿔이 수풀에 걸린 숫양 (BC 2550-2450) 우르(Ur)

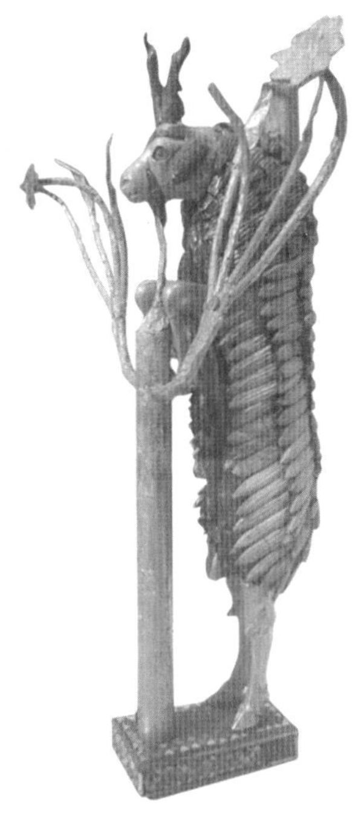

창세기 22:13의 말씀을 기억나게 한다.
아브라함이 수풀에 뿔이 걸린 숫양을 아들 이삭을 대신하여 하나님께 제물로 바쳤다.
창세기 22:12의 말씀을 기억나게 한다.
아브라함이 독자를 하나님께 바치려고 하자 하나님의 돕는 손길이 나타나서 양을 준비하는 모습을 조각한 것이다.

아브라함의 여정

● 갈대아 우르(창 11:31) ▶ 하란(창 12:1)

▶ 세겜(창 12:6) ▶ 벧엘(창 12:8)

▶ 이집트(창 12:10) ▶ 벧엘(창 13:13)

▶ 헤브론(창 13:18) ▶ 그랄(창 20:1)

▶ 브엘세바(창 21:33) ▶ 모리아 땅 (창 22:2)

▶ 헤브론(창 23:2)

야곱의 일생

- **속이고 (창 27:19)**
  "나는 아버지의 맏아들 에서로소이다."

- **속고 (창 37:33)**
  "악한 짐승이 그를 잡아 먹었도다"

- **험악한 세월을 보냄 (창 47:9)**

- **승리자 (창 32:28)**
  " 네가 하나님과 ….
  겨루어 이겼음이니라 "

얍복 강 (창 32:22)

헬리오폴리스의 오벨리스크

헬리오폴리스(온)

태양신 '라'(레)를 섬기던 도시로서 요셉은 태양신을 섬기던 온 제사장 보디베라의 딸 아스낫과 결혼했으며 므낫세와 에브라임은 아스낫이 낳은 아들들이다.
(창 41:45–52)

OBELISK의 받침돌

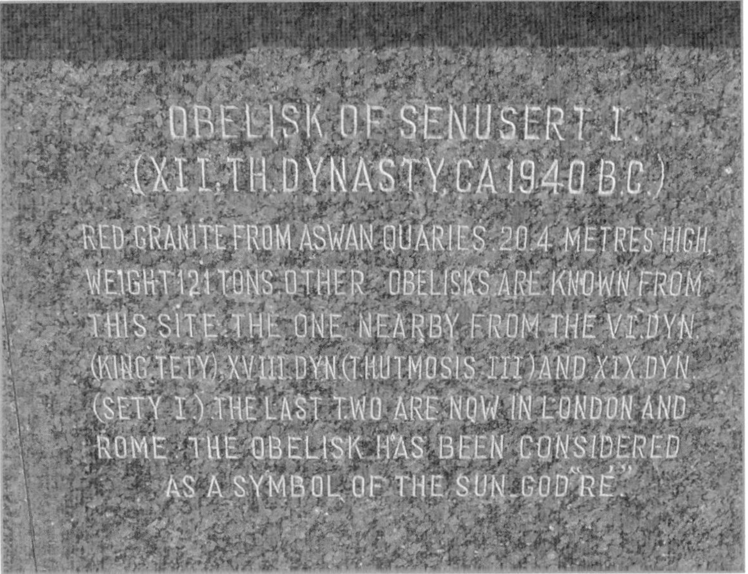

세누세트 1(Senusert 1)의 오벨리스크 (12왕조, 1940 BC) – 헬리오폴리스

요셉의 역사관

1. 역사는 우연한 사건이 아니다.
2. 사람의 계획이 역사를 바꾸는 것이 아니다.
3. 하나님이 역사의 주관자이시며, 하나님의 섭리 속에서 이루어진다.

나를 이리로 보낸 이는 당신들이 아니요
하나님이시라 하나님이 나를 바로에게
아버지로 삼으시고 그 온 집의 주로 삼으시며
애굽 온 땅의 통치자로 삼으셨나이다
(창 45:8)

창세기의 교훈을 다시 정리하면

■ **아담의 범죄 이후 우리는 다 의(義)를 벗은 사람이다.**

- 부끄러움과 두려움

■ **의(義)의 옷을 입어야 한다 한다.**

1. 아담이 무화과 나무 잎으로 만들어 입었던 옷으로는 안됨
2. 하나님이 입혀 주신 가죽 옷

(하나님의 어린 양 예수께서 십자가에 흘리신 피로 입혀 주는 의의 옷을 입어야 한다.)

하나님의 창조 – 인간의 범죄와 벗은 것 – 하나님이 입혀 주시는 의의 옷
(이것이 계시와 역사와 성경의 주제임)

■ **창세기 1장- 11장**

에덴동산 홍수 바벨탑 등 사람들이 저지른 죄악과 하나님의 심판에 관한 이야기가 있다.

■ **창세기 12장- 50장**

아브라함, 이삭, 야곱, 요셉 등 하나님께서 족장들을 선택해서 범죄한 사람들을 구원하시기 위해 펼치는 구원의 역사가 전개된다.

하나님의 선택을 받은 족장들이 메소포타미아를 출발해서 가나안 땅으로 갔다가 야곱과 요셉시대에 이집트로 내려갔다.

창세기가 끝날 무렵 족장들의 후손은 이집트에 있었다.

CHAPTER 3

성서지리와 문화

출애굽

출애굽 예언(창 15:13-14)

13 여호와께서 아브람에게 이르시되 너는 반드시 알라 네 자손이 이방에서 객이 되어
그들을 섬기겠고 그들은 사백 년 동안 네 자손을 괴롭히리니
14 그들이 섬기는 나라를 내가 징벌할지며 그 후에 네 자손이 큰 재물을 이끌고 나오리라 (창 15:13-14)

출애굽기의 전체적인 개관

야곱 시대에 이집트로 내려갈 때 약 70명 정도였던 야곱의 자손들(이스라엘 사람들)은 400년을 지내면서 그 인구는 엄청나게 불어났다. 이집트 사람들은 이스라엘 사람들을 경계하기 시작했다. 마침내 이집트 왕 바로는 이스라엘 인종 말살정책을 썼다. 히브리인들 중에서 여자 아이가 태어나면 살려두고, 남자 아이가 태어나면 나일강에 빠뜨려 죽였다.

나일 강

하셉수트

하셉수트

(모세를 나일강에서 건진 공주)

이집트의 벽돌

이집트 노예들이 구운 벽돌 - 대영박물관

출애굽의 출발지

라암세스의 국고성 터, 출애굽 출발지

출애굽의 목적

1. 이방 신들을 버리고 하나님을 섬기는 백성으로 삼고자 하심이다.

"…네가 그 백성을 애굽에서 인도하여 낸 후에 너희가 이 산에서 하나님을 섬기리니 이것이 내가 너를 보낸 증거니라 (출 3:12).

" … 이스라엘의 하나님 여호와께서 이렇게 말씀하시기를 내 백성을 보내라
그러면 그들이 광야에서 내 앞에 절기를 지킬 것이니라 하셨나이다" (출 5:1).

"너는 그들의 신을 경배하지 말며 섬기지 말며 그들의 행위를 본받지 말고
그것들을 다 깨뜨리며 그들의 주상을 부수고 네 하나님 여호와를 섬기라" (출 23:24-25)

2. 노예가 된 이스라엘 백성들에게 약속의 땅을 주시기 위함이다.

"가나안 땅 곧 그들이 거류하는 땅을 그들에게 주기로 그들과 언약하였더니. (출 6:4)

출애굽을 위해 이집트에 내렸던 열 가지 재앙

1. 나일강이 피로 변함 (출 7:14-25)

2 개구리떼 재앙 (출 8:1 15)

3. 이 재앙 (출 8:16-19)

4. 파리떼 재앙 (출 8:20-32)

5. 짐승을 죽이는 전염병 (출 9:1-7)

6. 종기 재앙 (출 9:8-12)

7 우박 재앙 (출 9:13 35)

8. 메뚜기떼 재앙 (출 10:1-20)

9. 흑암 재앙 (출 10:21-29)

10. 장자가 죽는 재앙 (출 11장)

모세와 바로의 대결 (모세의 신과 바로의 신의 대결)

열 가지 재앙

이집트 신들에 대한 형벌. 모세가 던진 지팡이의 뱀이 이집트의 술객들이 던진 뱀을 삼켰다는 것부터가 그렇다. 아무튼 여호와께서는 애굽의 모든 신들에 벌을 내리시고(출 12:12) 여호와만이 홀로 유일하신 하나님이심을 입증하셨다.

흑암 재앙 - 이집트의 태양신을 무력케 한 것

우박 재앙 - 천기를 주관하는 신을 무력케 한 것

나일 강이 피로 변한 것, 개구리, 메뚜기 재앙 - 이집트의 풍요의 신에 대한 재앙

장자의 죽음 - 재앙의 극치

양의 피를 문설주에 뿌리고 집안에 있으라. (출 12:22-23)
(재앙이 건너 뛴다 - Passover, 유월절) - 이집트에서 장자가 죽는 재앙에서 구원을 받았다.

놋뱀을 만들어 장대에 매달아 독사에게 물린 자마다 그것을 보고 살게 했다.
(민 21:8) - 광야에서 독사에게 물린 자가 구원을 받았다.

정탐군을 숨겨주고 달아 내린 창에 붉은 줄을 매달고 온 가족이 집안에 있었다.
(수 2:18 21) - 정탐군을 숨겨서 살려 준 기생 라합의 가족이 구원을 받았다.

모세가 광야에서 뱀을 든 것 같이 인자도 들려야 하리니 이는 그를 믿는 자마다 영생을 얻게 하려 하심이니라 (요 3:14-15) - 예수님의 십자가를 믿는 자는 영생을 얻는다.

Dream Stele (꿈의 석비)

스핑크스 앞에 있는 석비 (Dream Stele)

숙 곳

라암세스를 떠났던 이스라엘 백성들은 숙곳을 지나갔다.
숙곳에는 아무런 유적이 남아 있지 않다. 현재 이집트 지명은 Tal - El Maskhota이다.

출애굽 (이집트 탈출) 이야기

출애굽 사건은 고센 땅 라암셋에서 출발했다.

고센 땅에 있는 라암세스(Ramses)는 소안(Zoan, 시 78:11, 43-52)
또는 타니스(Tanis)라고 불리어진다. 이 부근이 힉소스 시대(Hyksos, 15-16왕조)의 수도였으며
라암세스 2세는 여기에 왕궁을 지었으며 21-23왕조 통치자들의 출생지이다.
모세시대에 이스라엘 백성들이 노예로 살면서 국고성을 쌓았던 벽돌들과 흔적이 남아 있으며
하나님께서 애굽에 열 가지 재앙을 내려 이스라엘 백성을 출애굽시킨 출발지이다.
이곳은 BC 332년 알렉산드리아로 수도를 옮길 때까지 이집트의 중요 상업도시였다.

마 라 (Marah)

하나님이 이집트에 내린 열 가지 재앙 이후 모세의 인도로 라암셋을 빠져나온 이스라엘 백성들은 숙곳과 에담을 거쳐 홍해바다 앞 비하히롯에 진을 쳤다. 거기서 홍해바다가 갈라지는 기적을 체험하면서 홍해바다를 건넜다.

혹자는 이스라엘 사람들이 갈대밭을 건넜다고 하지만 만약 갈대밭을 건넜다면 이집트 병사들이 빠져 죽었다는 내용이 맞지 않다. 수백만 명이 하룻밤에 건너자면 홍해는 상당히 넓게 갈라졌을 것이다.

출애굽 당시 20세 이상 전쟁에 나갈 수 있는 남자들이 603,550명 정도(민 1:46)였다면, 여기에 여자들을 합치고, 아이들과 노인들을 합치면 그 숫자는 엄청 많았을 것이다.

모세는 홍해를 건넌 이스라엘 백성을 수르 광야로 인도했다. 3일 동안 행진했지만 물을 찾지 못했다. 마라에서는 물이 너무 써서 마실 수가 없었다. 히브리말로 써다(bitterness)는 뜻의 마라는 아마도 현재의 아인 하와라(Ain Hawarah)의 소금기 있는 우물을 말하는 것 같다.

"마라에 이르렀더니 그 곳 물이 써서 마시지 못하겠으므로 그 이름을 마라라 하였더라"
(출 15:23)

출애굽의 순서

광야에서

불기둥 – 추운 밤에

구름기둥 – 무더운 낮에

물 – 반석에서

만나 – 배고플 때

메추라기 – 고기 먹고 싶을 때

출애굽기 – 라암세스에서 시내 산까지의 기록

민수기 – 시내 산에서 모압 평야까지의 기록

레위기 – 제사의식을 기록

신명기 – 모세의 설교를 기록

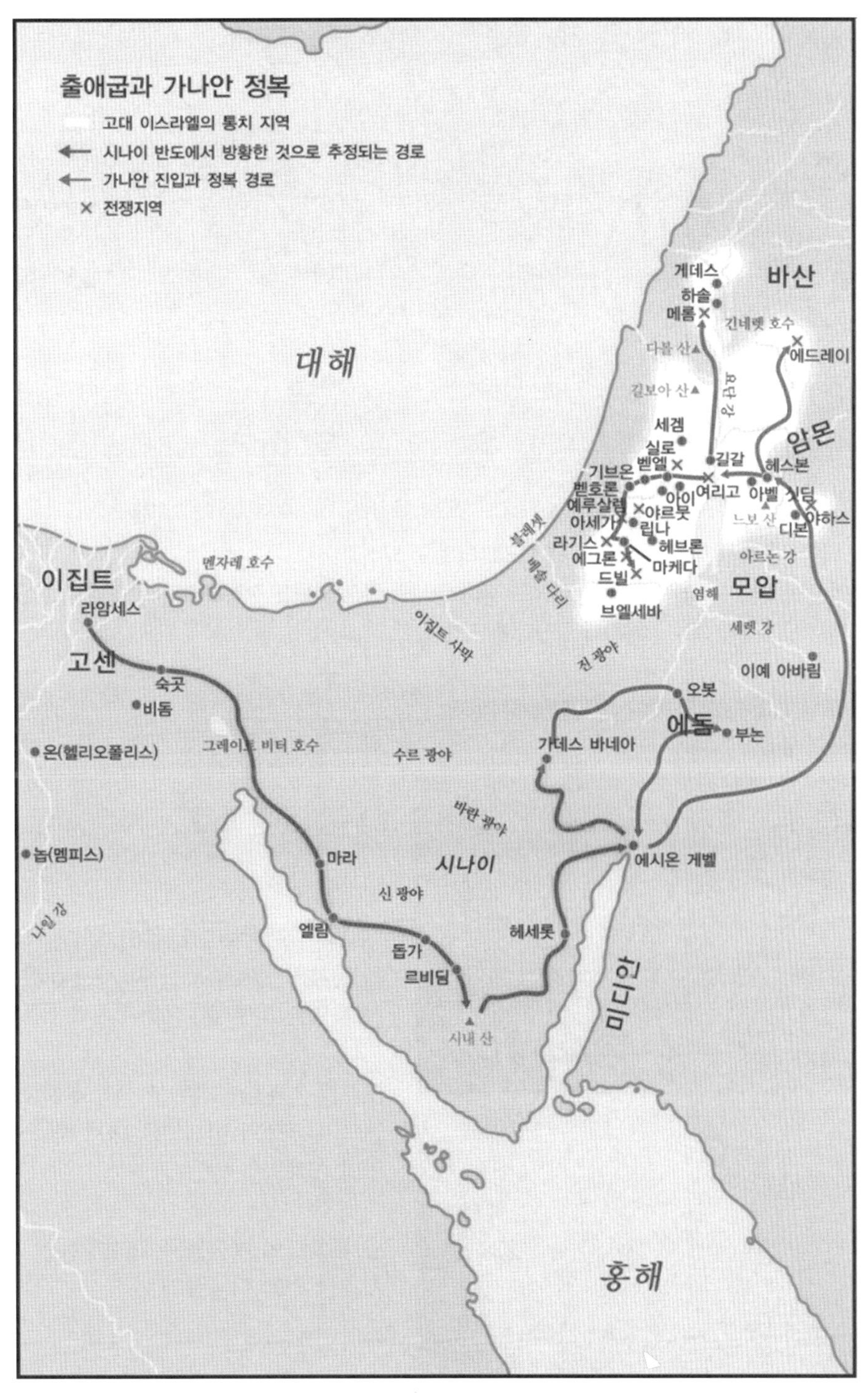
출애굽과 가나안 정복
고대 이스라엘의 통치 지역
시나이 반도에서 방황한 것으로 추정되는 경로
가나안 진입과 정복 경로
전쟁지역
대해
게데스
하솔
메롬
바산
긴네렛 호수
에드레이
다볼 산
길보아 산
요단 강
세겜
실로
벧엘
길갈
헤스본
암몬
기브온
벧호론
아이
여리고
아벨
예루살렘
야르뭇
아세가
립나
라기스
헤브론
에그론
마케다
드빌
브엘세바
모압
디본
야하스
아르논 강
이집트
라암세스
고센
숙곳
비돔
온(헬리오폴리스)
놉(멤피스)
나일 강
그레이트 비터 호수
수르 광야
바란 광야
시나이
마라
신 광야
엘림
돕가
르비딤
시내 산
헤세롯
에시온 게벨
가데스 바네아
오봇
에돔
부논
이예 아바림
세렛 강
염해
진 광야
이집트 사막
미디안
홍해

르비딤

모세가 나일강을 치던 지팡이로 물을 낸 므리바이며(출 17:1 7),
아말렉과 이스라엘이 싸웠던 곳이며, 아론과 훌이 모세의 양손을 들고 전쟁을 이긴 곳이며(출 17:8-13),
하나님께서 모세에게 책을 기록하게 하셨다(출 17:14).

시내 산에서

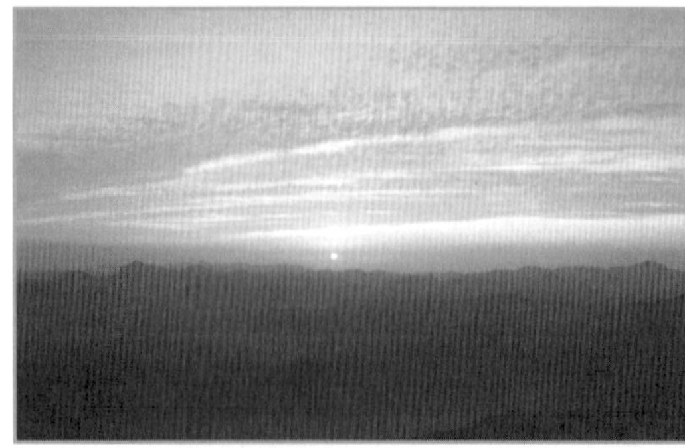

"모세는 구름 속으로 들어가서 산 위에 올랐으며 모세가 사십 일 사십 야를 산에 있으니라" (출 24:18)

모세는 2,286m되는 산 정상에 혼자 올라가 우뢰와 번개 가운데서 하나님을 만나 십계명을 받았다.

모세와 그의 백성들은 약 1년 동안 시내산 밑에 머물렀다.

간략한 출애굽 년대 요약

이집트를 떠남 – 제 1년 1월 15일 (민 33:3)

시내 산 도착 – 제 1년 3월 1일 (출 19:1)

십계명과 율법을 받음 – 제 1년 (출 20:1–31:18)

성막이 세워짐 – 제 2년 1월 1일 (출 40:17)

제사법을 받음 – 제 2년 1월 (레 1:1)

이스라엘의 첫 인구 조사 – 제 2년 2월 1일 (민 1:1)

시내 산을 떠남 – 제 2년 2월 20일 (민 10:11)

모압 땅에서 여호와의 율법을 설명(신명기) – 제 40년 11월 1일(신 1:3)

시내 산을 떠나 가나안 땅으로

바란 광야의 가데스에서 정탐군 파송 – 가나안 정찰

정탐군들의 불신앙 (여호수아와 갈렙을 제외)

광야에서 방랑생활 (38년 동안)

아카바 (Aqaba)

아카바는 이스라엘의 에일랏(Eilat) 건너편 홍해 끝에 있다.
이스라엘 백성들이 광야에 유리할 때 이곳을 지나갔으며(민 33:35)
후일 모세가 에돔 땅을 돌아서 행진할 때 이스라엘 백성을 이 부근으로 인도했다(신 2:8, 민 21:4).

호르산

아론은 모세의 형이었으며 첫 제사장이었다. 민수기 20:23-28에는 아론이 에돔국경에 있는 호르산에서 죽고 그의 아들 엘리아살이 제사장이 되었다고 했다.
페트라 남쪽 1,353 높이의 산 꼭대기에 아론의 무덤이 있다.

구리 광석

부논의 구리 광석 (Copper Ore)

38년 만에 건넌 세렛 시내

출애굽한 이스라엘 백성들이 가데스 바네아에서 가나안 땅에 정탐군을 보낸지 38년이 지난 뒤에 세렛 시내를 건너게 되었다. 오랜 세월을 불신앙 때문에 방황하면서 보낸 셈이다. (신 2:14)

아르론 골짜기

아르논 골짜기 사진

벧브올 (Bethpeor)

모세의 우물이 있는 벧브올 전경

이스라엘 백성들은 가나안 땅에 들어가기전에 모세와 함께 벧브올 맞은 편에 진을 쳤다(신 3:29). 여기서 요단 저편 가나안 땅에 건너가게 해 달라고 하나님께 간구했다.
그러나 하나님께서는 그만해도 족하니 이 일로 다시 내게 말하지 말라하시면서 비스가산 꼭대기에 올라가서 동서남북으로 가나안 땅을 바라보고 여호수아를 굳게 세워 그가 인도하게 하라고 하셨다.

신명기의 사건은 40년간의 방황이 끝나고 가난안 땅에 들어가기 직전에 BC 1406년경의 일이다. 결국 출애굽 1세대들이 다 죽은 뒤에 하나님은 출애굽 2세대들을 가나안 땅에 들여보내기로 작정하셨다.

신명기는 모세의 유언과도 같은 설교이다. 모세는 지난날을 회고하고 (1-4장), 이스라엘 백성들이 지켜야 할 규례와 법도(5-26장), 축복과 저주(27-30장) 사이에서 순종을 촉구했다(31-34장).

백성들에게 마지막 설교를 한 모세는 가나안 땅이 잘 내려다 보이는 느보산에 올라갔다. 40년 동안 광야 길로 이스라엘 백성들을 인도하면서 힘들었던 과거를 회상해 보았다. 그 힘들었던 인생여정 가운데서도 늘 함께 해 주셨던 하나님의 은혜를 감사하며 자신의 인생을 마감했다.

모신명기(모세의 설교) - 모압 평야에서

느보산 정상에 있는 모세기념교회와 십자가 모양의 구리 뱀이다.

느보 산에서 바라 본 사진

예수님이 세례를 받으신 이곳은 이스라엘 백성들이 요단강을 건넌 지점이다.

이스라엘 백성들이 진쳤던 모압 평야의 아벨 싯딤 (민 33:48-49)

아무도 그 위치를 모르는 모세가 묻힌 벧브올 맞은편 골짜기 (신 34:6)

벧브올에 있는 모세의 우물

거리측정 표지판

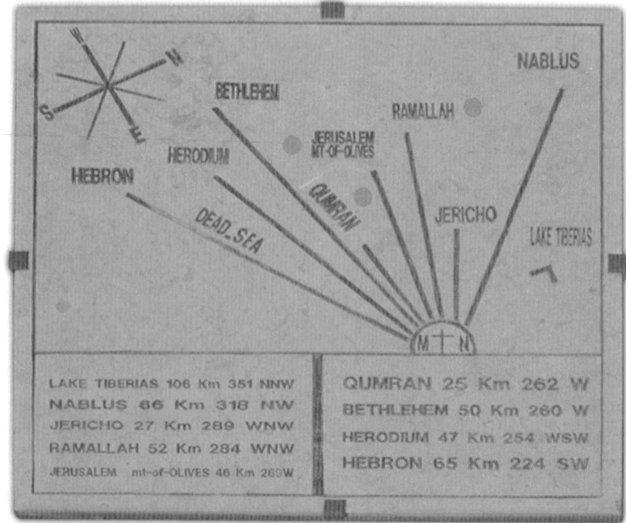

느보 산 정상에 있는 거리측정 표지판

느보 산에서 쿰란까지는 25km, 여리고는 27km, 예루살렘은 46km였다.

느보 산 앞에 있는 모압평야에서 바라 본 가나안 땅

예루살렘 (해발 850m) **여리고(해저 250m)** –세계에서 가장 낮은 곳에 있는 도시

순례의 길

예루살렘에서 느보 산에 이르는 순례의 길이다.

"네 하나님 여호와께서 너희 가운데 네 형제 중에서 너를 위하여 나와 같은 선지자 하나를 일으키시리니 너희는 그의 말을 들을지니라." (신 18:15)

"하나님이 너희 형제 가운데서 나와 같은 선지자를 세우리라 하던 자가 곧 이 모세라" (행 7:37) – 스데반의 설교 중에서

모세의 고별설교 – 신 28–32장
모세의 축복기도 – 신 33장
예수의 고별설교 – 요 14–16장
예수의 기도 – 요 17장

토론 내용

1. 히브리인들이 노예로 전락하지 않았으면 출애굽할 생각을 했을까 ?

2. 히브리인들이 출애굽하지 않았다면 그들이 국가를 형성할 수 있었을까 ?

3. 하나님께서 바로의 마음을 강퍅하게 하지 않았으면 그들이 하나님의 열 가지 재앙과 기적을 볼 수 있었을까 ?

4. 열 가지 기적으로 그들이 신앙을 얻고 하나로 단결되어도 왜 광야의 시련을 이기지 못했을까 ?

교 훈

1. 출애굽은 우리가 죄악을 떠나 하나님 나라를 향해 세상에서 행진하는 것과 같다.

2. 이스라엘 백성들이 구름기둥과 불기둥의 인도를 받았던 것처럼 우리는 진리와 영감(하나님의 말씀과 성령님의 감동)의 인도함을 받아야 한다.

3. 광야와 같은 세상에서 하나님을 섬기며 믿음으로 승리해야 한다.

4. 여호수아와 갈렙 같은 신앙을 가져야 가나안 땅에 들어간다.

CHAPTER 4

성서지리와 문화

율법, 성막, 제사의식

동영상강의 웹사이트 : www.bestbible.org 〉멀티미디어 교육자료에서 성서지리 편

시내 산에서 하나님 섬기는 법을 배움

1월 15일 출애굽한 이스라엘 백성들은 1달 반이 걸려서 3월 1일에 시내 산에 도착했다.

시내 산에서 1년을 머물면서 하나님의 율법을 받아서 하나님 섬기는 법을 배웠다.

시내 산 정상에서

모세는 시내 산에서 십계명을 중심한 율례와 하나님이 거할 성소를 만드는 식양과 하나님을 섬기는 제사규례를 받았다. 모세가 시내 산에서 받은 십계명을 비롯한 율례는 세계법률의 고전이 되었다.

하나님의 명령

하나님께서는 시내 산에서 이스라엘 백성들에게 613개의 명령(Commandments)을 주셨다.

이 명령 안에는 하나님을 섬기는 법, 의식법(Ceremonial law), 도덕법(Moral law), 시민법(Civil law), 민법, 형법 등이 다 포함되어 있다.

그 중에서 큰 계명은 십계명이었고 (출 20장), 십계명을 크게 둘로 요약하면, 첫째 하나님을 사랑하고, 둘째 이웃을 네 몸과 같이 사랑하라는 것이다. (눅 10:27)

큰 계명 - 10 계명(출 22장) - 구약	
다른 신을 섬기지 말라	부모를 공경하라
우상을 만들지 말라	살인하지 말라
하나님의 이름을 함부로사용하지 말라	간음하지 말라
안식일을 지켜라	도적질하지 말라
	거짓증거 하지 말라
	이웃을 탐내지 말라

가장 큰 계명 - 사랑(눅 10:27) - 신약	
마음과 정성과 힘과 뜻을 다하여 주 너의 하나님을 사랑하라	네 이웃을 네 몸과 같이 사랑하라

십계명에 나타난 여호와 하나님의 특징

고대 이집트와 메소포타미아에는 신들이 많았고, 그 많은 신들을 형상으로 만들었다.

그러나 여호와 하나님은 유일한 신이며, 하나님을 그 어떤 형상으로든지 만들지 말라고 하셨다.

"너는 나 외에는 다른 신들을 네게 있게 말라,
너를 위하여 새긴 우상을 만들지 말고……."

이것은 신을 형상으로 만들던 고대 사회에서는 신에 대한 획기적인 가르침으로 이집트에서 교육을 받은 모세의 교육배경에서는 나올 수 없는 하나님의 계시였다.

이집트 신들의 모습 (이집트 박물관)

고대 이집트 사람들은 섬기는 신들도 많았고 그 형상들도 많았다.
사람의 형상, 동물의 형상, 자연 현상들이 신의 모습으로 표현되었다.

하나님께서는

아브라함에게

우상의 도시 메소포타미아를 떠나게 하심

이스라엘 백성에게

우상의 도시 이집트를 떠나게 하시고 가나안 땅에 들어가 우상을 섬기는 족속들을 쫓아내고 타협하지 말게 하심

우 상

송아지 우상, 이집트 박물관

고대 근동 지방 사람들은 소는 하늘에 있는 신이 지상에 내려 온 모습이라고 생각했다. 소는 힘과 생식력과 왕권을 상징했다. 이집트 사람들은 소와 송아지를 숭배하고 소로 상징되는 하늘의 신 호루스(Horus)와 하토르(Hathor)를 숭배했다.
이집트의 종교습관에 젖어있던 이스라엘 백성들이 시내 산에서 금송아지를 만들었다(출 32:24).

시내 산

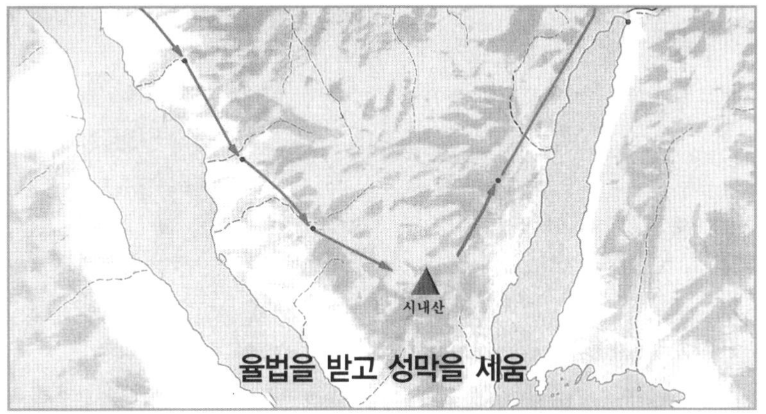

레위기 :

모세의 저작으로 시내 산 근처에서 1년 동안 (BC 1445-1444년) 성막건립과 인구조사를 할 때 기록되었으며 성막을 중심으로 한 제사를 주로 다루고 있다.

예표 :

제물 - 예수 그리스도
제사 - 예배
성막 - 교회

성막의 의미

성막과 천막들 (Tabernacle and tents)

(하나님의 백성들 텐트 한 가운데에 있는 하나님의 성막)

성막은 인간의 생각을 따라 지은 것이 아니고 하나님의 지시에 따라 지었다. 고대 근동 사람들은 산이나 강이나 사막 등 자연에는 그 곳을 다스리는 신이 따로 있으며, 신들은 자기 관할구역을 벗어나면 힘을 쓸 수 없다고 생각했다. 신이 거하는 신전과 사람들이 살아가는 곳은 따로 떨어져 있었다.

그러나 하나님의 성막은 전혀 다른 의미를 가진다. 하나님의 성막은 사람들의 텐트와 함께 있으며, 하나님의 백성들(이스라엘 사람들)이 이동할 때 함께 이동했다. 성막을 통해 이스라엘 백성들과 만난 하나님은 이스라엘 사람들의 이동하는 생활 한 가운데에 있었다.

성막구조

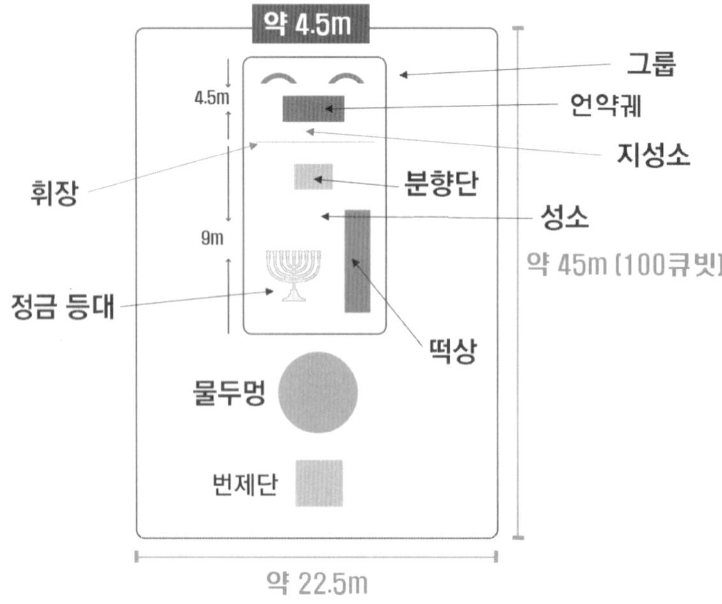

성막 모형

이스라엘 팀나공원에 있는 성막 모형

성소

법궤

분향단

떡상(진설병)

제사장

제사장 복장

등잔대 (미노라, Menorah)

성전에서 올리브 기름으로 불을 켰던 일곱 등잔대로서 시내 산에서 모세가 본 불붙은 가시덤불을 의미하는 유대인들의 가장 오래된 상징 중의 하나이다.

■ 제사의 종류 (레 1:1-7:27)

번제 - 제물(소, 양, 염소)을 불로 태워 바치는 제사 (레 1장)

소제 - 곡식을 불로 태워 바치는 제사 (레 2장)

화목제 - 감사, 서원 등 제물(소, 양, 염소)을 불로 태워 바치는 제사 (레 3장)

속죄제 - 죄를 속하기 위해 제물(소, 양, 염소)을 불로 태워 바치는 제사 (레 4장)

속건제 - 하나님이나 이웃의 소유권에 대해 범죄했을 때(레 5:14-19)
속죄제와 다른 점은 손해를 끼친 것에 대해 구체적인 보상을 해야 함.

기름과 피는 먹어서는 안 된다(레 7:22-27). 이는 생명을 뜻하기 때문이다.

■ 제사의 4가지 방법

1. 화제 - 불로 태워서 드리는 제사

2. 요제 - 흔들어 드리는 제사

3. 거제 - 위아래로 올렸다 내렸다 하며 드리는 제사

4. 전제 - 붓거나 마시는 제사

■ 매일 지킬 것 - 상번제 (민 28:3~8)

1년 된 숫양 두 마리를 아침과 저녁으로 한 마리씩 화제로 드리고, 고운 가루 1/10 에바에 기름 $\frac{1}{4}$힌을 섞은 소제와 독주의 전제를 드림

■ 매주 지킬 것 - 안식일 (민 28:9~10)

1년 된 숫양 두 마리, 고운 가루 2/10에 기름 섞은 소제와 전제를 드림

■ 매월 지킬 것 - 월삭 (민 28:11~15)

화제 - 수 송아지 두 마리, 숫양 한 마리, 1년 된 숫양 일곱 마리,

소제 - 매 수 송아지 한 마리에 고운 가루 3/10의 기름 섞은 소제, 숫양 한 마리에 2/10의 기름 섞은 소제, 매 어린 양은 1/10의 기름 섞은 소제,

전제 - 수 송아지 한 마리에 포도주 반 힌, 숫양 한 마리에 1/3 힌, 어린 양 한 마리에 $\frac{1}{4}$ 힌
상번제와 그 전제 외에 숫 염소 한 마리를 속죄제로 드림

매년 지킬 것- 다음 페이지 참조

이스라엘 백성들이 매년 지켜야 할 절기 (유대 종교력에 기준함)

1. **나팔절 (ROSH HASHANAH, The New Year, 레 23:23-25)**
   - 7월 1일 (7월 1일은 유대인의 새해, 나팔을 불어 하나님을 찬양하고 화제를 드림)
2. **속죄일 (YOM KIPPUR , The Day of Atonement, 레 23:26-32)**
   - 7월 10일 (금식하며 민족의 범죄를 슬퍼하고 하나님께 화제를 드림)
3. **초막절 = 장막절(수장절, SUKKOT, The Feast of Tabernacles, The Feast of Ingathering, 출 23:16)** - 7월 15일부터 7일간 초막에 거하고, 8일째는 장엄한 대회로 모임(민 29:35, 요 7:37), 추수절로서 마지막 수확물인 포도와 올리브를 거두어들이는 시기에 지냄. 연말에 밭에서 거두어 저장함을 감사하고 출애굽 때 광야생활을 생각함.
4. **유월절(The Passover Festival)** - 1월 14일 (장자죽음 면한 것을 감사)
   무교병절 (레 23:6) - 1월 15일~21일 (누룩 없는 떡을 먹으며 애굽에서 급히 나온 것을 생각하고 감사하는 절기), **보리수확** - 1월 16일 마을 주민들이 모여 축제와 함께 보리를 베어 첫 이삭 한 단을 제사장에게 가지고 갔으며 제사장은 안식일 다음날 흔들어 소제를 바침(레 23:10).
5. **초실절(SHAVUOT, Festival of Weeks, the Day of the First Fruits, the Feast of the the Harvest, 칠칠절, 오순절, 레 23:16, 출 23:16)** - (보리의 첫 소제를 드린 날부터 50일을 계수하여 밀의 새 소제를 드리는 날로 첫 열매를 거두게 됨을 감사하는 절기, 밀은 수확하지만, 무화과, 포도, 석류, 대추야자, 올리브는 초실만 하나님께 바치고 여름이 되어야 완전히 익는다. 또한 유대인들은 시내 산에서 율법을 받은 날이라고 춤을 추며 기뻐한다.) - 요엘 2:23, 28 참조

후에 추가로 생긴 유대인의 절기

아브월의 성전애도일 (타쉬아 베암) - 5월 10일 (성전이 파괴된 날을 애도함, BC 586년 바빌론제국에 의해서, AD 70년 로마제국에 의해서 파괴됨)

수전절 (하누카) - 시리아 왕 안티오쿠스 에피파네스 4세가 헬라문화와 종교를 심고자 예루살렘 성전에 제우스 신상을 세우고 돼지를 잡아 제사를 드려 성전을 더럽힘, 유다 하스몬가의 마카비 형제들이 저항 운동을 일으켜 시리아 군대를 물리치고 BC 164년 성전을 청결케하고 수리한 것을 기념하는 절기, 해마다 기슬르월의 25일부터 8일간 지켰으며, 첫 날에는 첫째 등잔과 가운데 등잔의 2개 등불을 켜고 다음날부터 하루에 하나씩의 등불을 켬. 맨 마지막 날에는 아홉 개의 등불이 다 켜짐. 그래서 수전절을 빛의 명절이라고 불렀다.

예수님 당시에도 이 수전절을 지켰다(요한복음 10:22-23).

첫 날에 2개의 등불이 켜진 등잔

부림절 (부림) - 12월 14~15일 (페르시아 시대 아각사람 하만의 유대인 말살 음모가 있었을때 왕후 에스더의 노력으로 벗어난 것을 기념함, 에 9:21)

* 유대인의 절기에 표기된 월은 유대인 종교달력에 근거함. 유대인들은 음력을 사용했으며 유대인들의 종교력에 대한 오늘 우리의 양력은 다음 페이지의 도표를 참고.

절기 달력

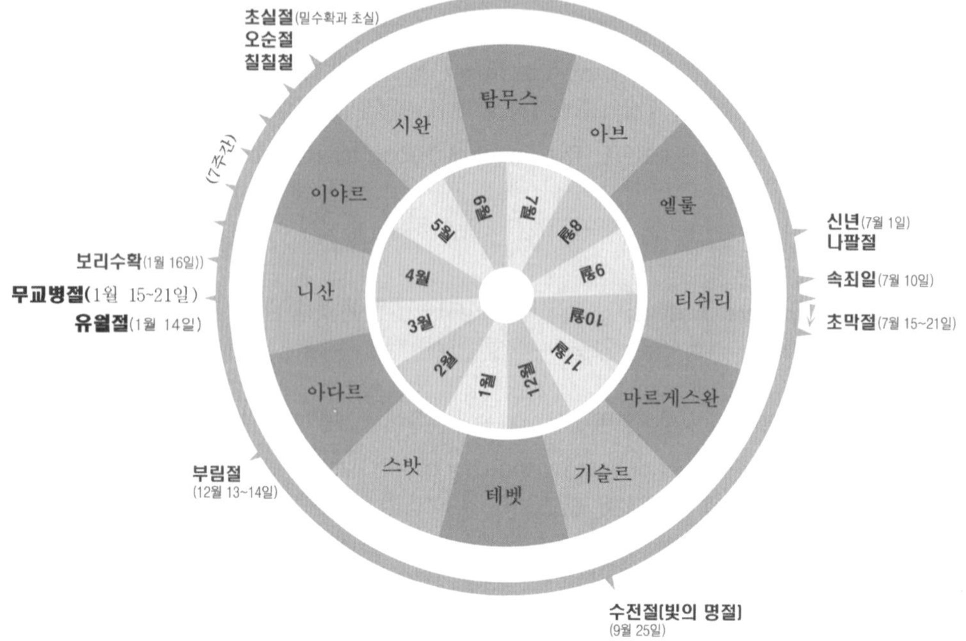

법

1. **예배규정** - 하나님께 나아가는 법 (성막과 제사) - 의식법, 출 24-31장

2. **도덕법** - 하나님의 백성으로 살아가는 법 - 십계명과 율례, 출 20-23장

쉐 마(Shema) - "이스라엘아 들으라 우리 하나님 여호와는 오직 유일한 여호와이시니 너는 마음을 다하고 뜻을 다하고 힘을 다하여 네 하나님 여호와를 사랑하라" (신6:4-5)

모 세 - 가장 큰 계명은 하나님을 사랑하는 것

예 수 - 하나님을 사랑하고 이웃을 사랑하는 것이 모든 율법과 선지자들의 강령이다. 즉 모든 의식법과 도덕법의 완성이다.

CHAPTER 5

성서지리와 문화

가나안 땅의 정복과 땅 분배 (여호수아, 사사기, 룻기)

동영상강의 웹사이트 : www.bestbible.org 〉 멀티미디어 교육자료에서 성서지리 편

가나안 땅 정복 이야기

모세의 후계자 여호수아:

1. 이스라엘 백성들 (높은 고원지대에서 낮은 아벨싯딤에 진을 침.)
2. 아벨싯딤에서 정탐꾼을 보내어 여리고를 정탐.
3. 정탐꾼들의 긍정적인 보고로 가나안 땅 정복에 나섬

가나안 – 가나안 일곱 족속들(Canaanites)이 사는 땅

(가나안족, 헷족, 히위족, 브리스족, 기르가스족, 아모리족, 여부스족)

팔레스틴(Palestine, Philistines) –

팔레스틴 (블레셋) 사람들이 사는 땅 (로마인들이 붙인 이름)

요단 강

신앙과 역사와 문화의 박물관

수 4:1-7

그 모든 백성이 요단을 건너가기를 마치매 여호와께서 여호수아에게 말씀하여 이르시되 ……..
요단 가운데 제사장들의 발이 굳게 선 그 곳에서 돌 열둘을 택하여 …….
이것이 너희 중에 표징이 되리라 후일에 너희의 자손들이 물어 이르되
이 돌들은 무슨 뜻이냐 하거든……
언약궤가 요단을 건널 때에 요단 물이 끊어졌으므로 이 돌들이 ….
영원히 기념이 되리라 하라 하니라

여리고 성

무너진 여리고 성 (여호수아 1-7장)

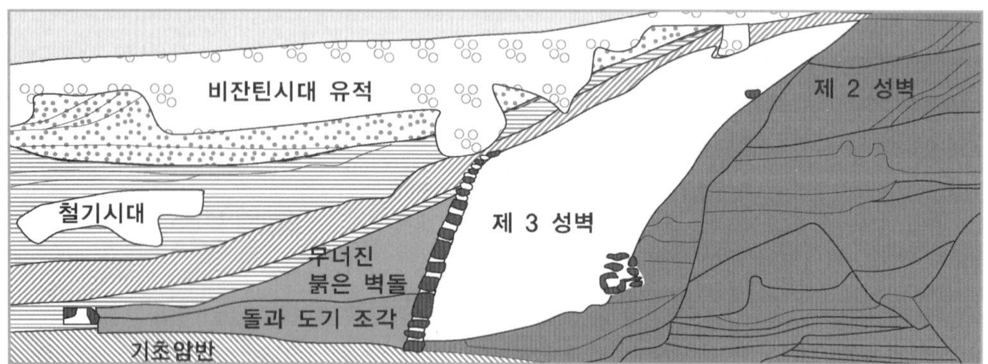

시대별로 지어진 여러 층들 가운데서 무너진 붉은 벽돌 부분(Fallen Red Brick)이 여호수아 시대, 여리고 성의 벽돌이 무너져 불에 탄 부분임.

고고학자들의 여리고 발굴

성경

1. 여리고 성을 함락시켰을 때 불을 질렀다고 함(수 6:24).
2. 두 정탐꾼을 살려준 기생 라합의 집이 성벽 위에 있었다고 함(수 2:15).

영국의 고고학자 카타린 케년(Kathleen Kenyon) 여리고 성 발굴 보고서:

"파멸은 완벽하게 이루어졌다. 성벽과 밑바닥은 불에 타고 그을려서 검게 되어 있었다. 방마다 무너진 벽돌, 대들보, 가재도구로 가득했다: 대부분의 방에는 무너진 조각들이 불에 심하게 타 있었다."

또한 고고학자들의 발굴에 의하면 무너지지 않고 남아 있는 북쪽 성벽 위에 지어진 집이 있었다는 것이다. – 라합의 집

아간의 죄와 '괴로움의 골짜기'

아간이 훔친 것

아간이 훔친 것 – 시날 산의 아름다운 외투 한 벌과 은 이백 세겔과 그 무게가 오십 세겔 되는 금덩이 하나 – 수 7:21

아간의 범죄로 이스라엘 사람들은 작은 아이성을 치러갔다가 패배함

아간의 범죄를 찾아내어 심판하신 뒤에 아이성을 정복함

이스라엘 백성 – 아간과 그 가족과 그 모든 소유물을 돌로치고 불사른 다음 그곳 이름을 '괴로움의 골짜기'로 부름 (수 7:1-26).

범죄자가 간 곳은 '괴로움의 골짜기'였다.

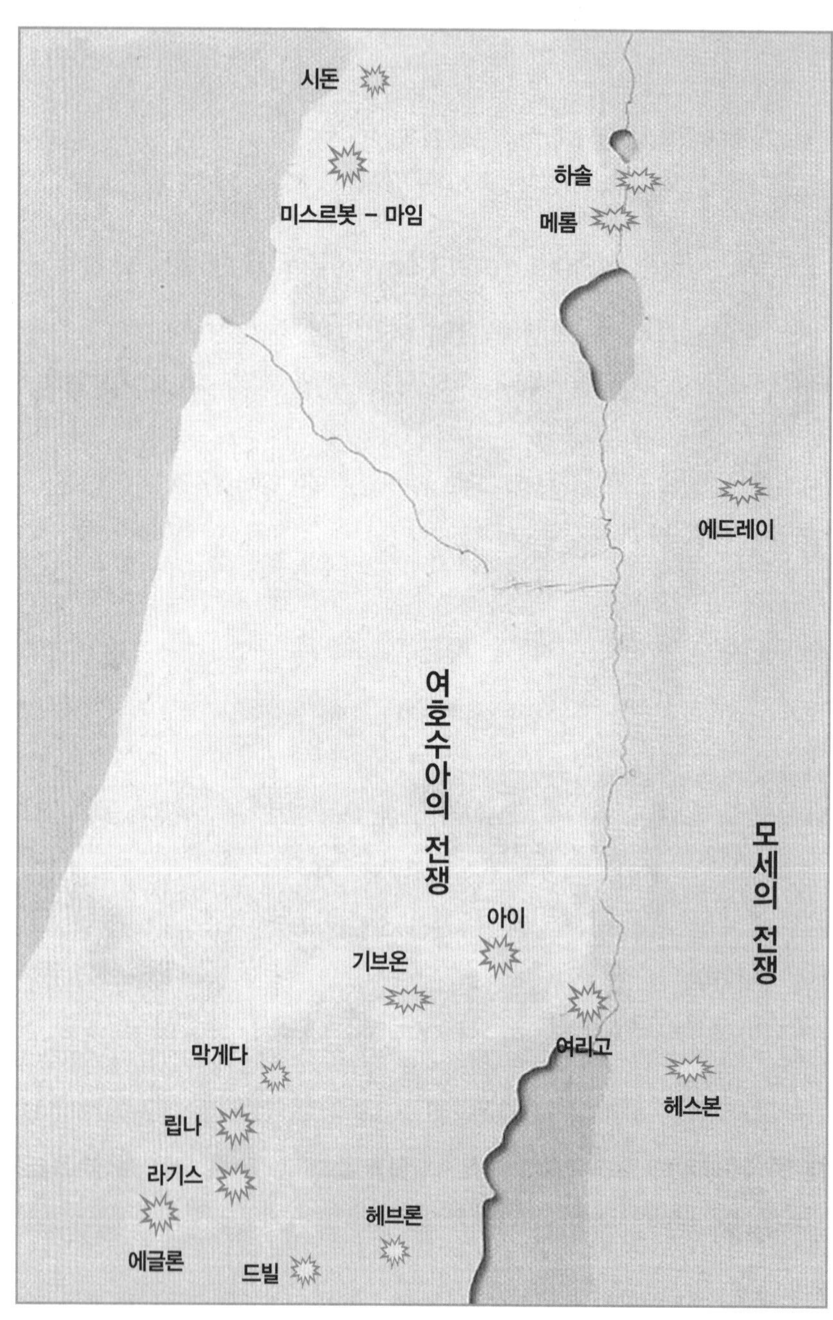

가나안 땅 전쟁지역

요단 강 동쪽 지역 - 모세가 전쟁　　　　요단 강 서쪽 지역 - 여호수아가 전쟁

라기스 성

무너진 라기스 성의 오늘의 모습

가나안의 분배

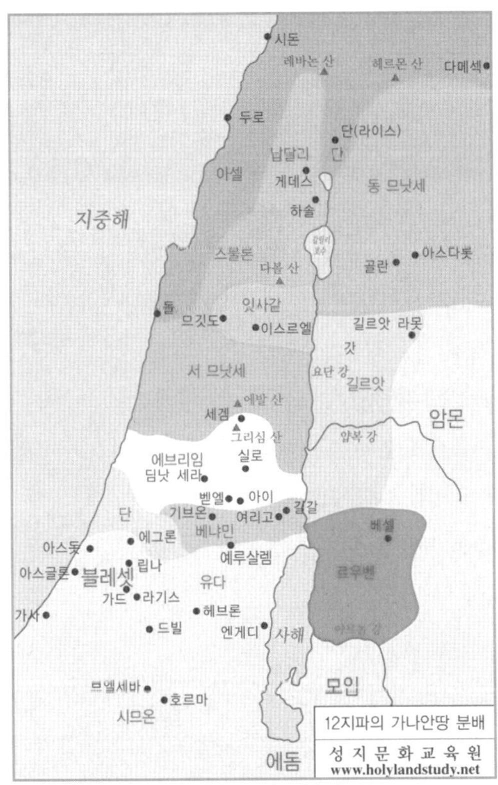

가나안 땅을 정복한 이스라엘
사람들은 12지파에게 땅을 나누었다.

가나안의 일곱 족속을 잔인하게 쫓아내신 이유

1. 가나안 땅을 주시기 위해

2. 그들이 섬기는 신들의 유혹을 받지 않기 위해

여호수아의 고별사와 다짐 (세겜에서)

"나와 내 가족은 여호와를 섬기겠습니다." (수 24:15)

사사 시대 (BC 1375–1050년)

사사들의 통치 – 여호수아가 죽고 왕들이 통치하기 전에

사사시대

하나님을 왕으로 모시고 사사들(Judges)이 하나님의 율법으로 다스리는 시대임

13명 사사들의 임무

1. 이방인들의 압제에서 이스라엘 사람들을 구출하는 것
2. 문제가 발생할 시에 재판하는 것

사사들

옷니엘 – 이스라엘 백성들을 메소포타미아의 구산–리사다임 왕의 손에서 구원했다.

에훗 – 이스라엘 백성들을 모압왕 에글론으로부터 구원했다.

삼갈 – 블레셋 사람 600명을 죽이고 이스라엘을 구원했다.

드보라 – 가나안 왕 야빈의 총사령관 시스라를 죽이고 이스라엘을 구원했다.

기드온 – 300명의 용사로 미디안 사람들을 무찌르고 이스라엘을 구원했다.

돌라 – 기드온 이후 이스라엘을 구원한 사사이다(삿 10:1–2).

야일 – 돌라 이후 이스라엘 사사가 되었다(삿 10:3).

입다 – 암몬 사람을 무찌르고 이스라엘을 구원했다(삿 11:11).

입산 – 베들레헴 사람으로 사사가 되었다(삿 12:8).

엘론 – 스불론 사람 엘론이 사사가 되었다(삿 12:11).

압돈 – 압돈이 사사가 되었다(삿 12:13).

삼손 – 블레셋사람들로부터 이스라엘을 구원하였다(삿 15:20).

사무엘 – 블레셋사람들을 무찌르고 이스라엘을 구원했다(삼상 7:13).

이스라엘 사람들은 왜 바알(Baal) 종교에 쉽게 빠졌는가?

1. 여호와는 산의 신, 유목민의 신

2. 바알은 하늘의 신, 농사의 신

여호와도 섬기고, 바알도 섬기는….. **종교적 혼합주의에 빠짐**

성경의 보급이 일반화되지 않았던 시대에 대중들이 체계적인 신관을 가진다는 것이 어려웠음.

아람 사람들도 이스라엘의 신은 평지의 신이 아니라 산의 신이라고 생각함(왕상 20:23).

바알(Baal) 신

아스다롯(Astarte)– 바알의 아내

메소포타미아 – 이스타 (에스더의 이름이 유래됨)
페니키아 – 아스다롯
그리스 – 아프로디테
로마 – 비너스

사사기에서 반복되는 사이클

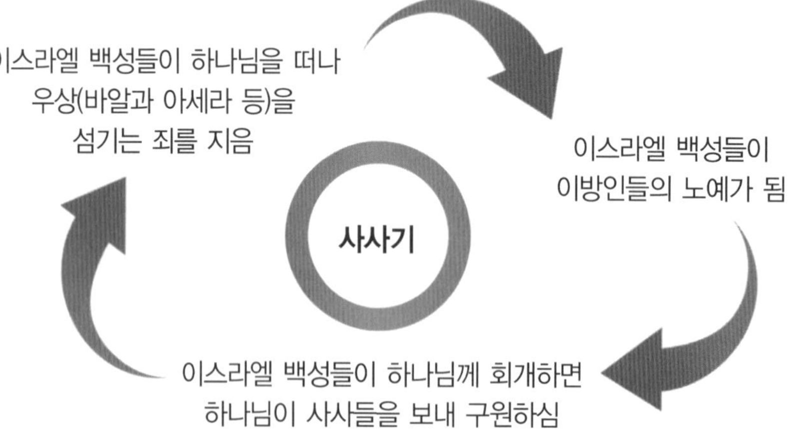

**사사기는 이스라엘 백성들의 계속되는 범죄와 그들이 당하는 고난,
하나님이 베풀어 주시는 용서와 구원의 연속적인 사이클을 보여준다.**

실로 (Shilo) 사사시대의 예배장소

실로 – 예루살렘에서 북쪽으로 32km 떨어진 곳.
성전이 있기 전에 이스라엘 백성들이 제사를 드리던 곳.
예루살렘 성전을 짓기 전까지 성막을 세워 법궤를 둔 곳(삼상 4:4).
사무엘은 실로의 엘리제사장 밑에서 자랐다.

이스라엘의 마지막 사사 – 사무엘 (이스라엘을 블레셋 사람들의 손에서 구원)

왕조시대의 시작 – 사울 다윗 솔로몬 (통일왕국시대)

성막의 역사

1. **시내 산에서 처음 세워짐** (출 40:2)

2. **길갈에 진을 침** (수 5:10)

3. **실로에 세워짐** (수 18:1)

4. **놉에 세워짐** (삼상 21:1, 6) – 다윗이 진설병을 먹음

5. **기브온에 세워짐** (대상 21:29)

솔로몬 성전 이후에는 없어짐

룻기의 이야기 (사사 시대에 있었던 이야기)

룻 – 남편, 아들이 다 죽고 희망 없는 시어머니를 따라 베들레헴에 감.
나오미의 친척 보아스를 만나 재혼, '오벳'이라는 아들을 낳음.
오벳이 바로 다윗 왕의 아버지 '이새'를 낳음.
다윗의 자손에서 예수가 탄생함. 이방여인이 그리스도의 족보에 포함됨.

남존여비 사상과 이방인 배타사상이 강했던 이스라엘 사회였지만 이방여인이었던 룻은 믿음으로 가장 영광스러운 그리스도의 족보에 참여할 수 있었음.

룻의 신앙 – 이방여인과의 혼인을 금지시킨 것은 인종차별 정신에서 나온 것이 아니고 이방 신들을 섬기는 유혹에 빠지지 않게 하기 위해서였다(신 7:3–4).

솔로몬 왕 – 이방여인들이 마음을 돌려 그들의 신들을 따르게 함(왕상 11:4).

아합 왕 - 이세벨이 바알을 섬기게 만듬(왕상 16:31)

이방 여인 룻 - 경우가 다름, 모압 신들을 버리고 시어머니의 하나님을 자기 하나님으로 섬기겠다고 맹세하고 시어머니를 따라 나섬(룻 1:16).

유다인의 겉옷 - 유다인들은 겉옷을 밤에는 이불로 사용했다(룻 33:9)

토론 내용

1. 여호수아는 어떤 인물인가?
2. 하나님께서 가나안 일곱 족속을 쫓아내신 이유에 대해 이야기해 보자
3. 여호수아의 고별사에 대해 이야기해 보자
4. 사사 시대에 가장 큰 문제가 무엇이었는가?
5. 룻에 대해 토론해 보자

다말이 시아버지와 가졌던 관계를 두고 한국적인 윤리관념으로는 도저히 이해할 수 없지만, 유대인들의 관념으로는 다말이 자녀가 없이 죽은 남편의 후사를 이어준 칭찬받고 축복받을 만한 행동이었다(룻 4:12). 룻이보아스를 통해 남편의 후사를 이어준 것도 축복받을 만한 미덕이었다.

교 훈

1. 룻은 모압여자로서 이방인이었지만 시어머니를 따라 시어머니가 믿는 하나님을 끝까지 믿고 의지했다. 결국 룻은 보아스를 남편으로 맞이하여 다윗의 할아버지 오벳을 낳아 메시아의 족보에 이름을 올렸다.
   이방인도 믿음으로 메시아의 족보에 참여할 수 있음을 보여준다.

2. 룻이 시어머니 나오미를 끝까지 따라간 것처럼, 신자들은 예수님을 끝까지 따라가야 한다.

CHAPTER 6

성서지리와 문화

통일 왕국시대

동영상강의 웹사이트 : www.bestbible.org 〉 멀티미디어 교육자료에서 성서지리 편

통일왕국 이야기 (BC 1050 - BC 930년)

이스라엘에 처음으로 왕조시대가 열림

마지막 사사 - 사무엘

통일왕국시대는 사울 왕, 다윗 왕, 솔로몬 왕 시대였다.

1. 사울 왕 시대 (BC 1050 - 1010년)
2. 다윗 왕 시대 (BC 1010 - 970년)
3. 솔로몬 왕 시대 (BC 970 - 930년)

[1. 사울 왕 이야기 (BC 1050-1010년)]

사울 왕 이야기

삼상 10장 - 31장(마지막 장)
대상 10장

사울 - 겸손했을 때, 하나님이 그를 왕으로 세우심.
교만했을 때, 하나님이 그를 버리심.
악령에 사로잡힘.
길보아 산에서 블레셋과의 전투에 패하고 죽음.

사울 왕의 시체를 못 박은 곳 – 벧산 (Beit She'an)

블레셋 사람들이 길보아 산에서 죽은 사울을 벧산 성벽에 못 박음(삼상 31:8–10)

당시 전쟁 문화이야기

승자 – 패자의 소유물 약탈, 여자들을 강간(삿 5:30).

사울 왕 초기

이스라엘 사람들은 보습이나 삽을 벼리려면 때 블레셋 대장장이에게 감(삼상 13: 19–22).

대세를 보아서 적군에 가담(삼상14:21).

대표 장수 한 사람씩을 보내 지는 쪽이 이기는 쪽의 종이 되기도 함(삼상 17:8–9).

출정한 군인에게 사식을 만들어 보내기도 함(삼상 17:17–19).

용병제도 – 암몬 사람들은 20,000명의 시리아군을 고용하여 다윗과 대결(삼하 10:6).

[2. 다윗 왕 이야기 (BC 1010–970년)]

다윗 왕 이야기

다윗 이야기: 사무엘하 전체 , 역대상 11장–28장, 시편

다윗은 헤브론에서 왕이 된지 7년 뒤에 예루살렘의 시온 요새를 여부스 사람들로부터 빼앗아 다윗 성으로 만들고 거주함.

다윗 – 전쟁가, 정치가, 시인, 음악가, 선지자, 낭만적인 영웅.
하나님의 성전건축을 위해 설계도를
솔로몬에게 줌(대상 28:11 19)
대부분 건축자재들을 준비(대상 29장).

다윗의 업적 – 예루살렘을 탈환하고 영토를 많이 넓힘.
많은 시를 남김. (시편의 거의 절반은 다윗의 시)

다윗과 골리앗
" …….전쟁은 여호와께 속한 것인즉 그가 너희를 우리 손에 넘기시리라" (삼상 17:45–47)

진정한 우정 (다윗과 요나단)
왕권을 두고 친해 질 수 없는 사이였지만
아름다운 우정 (삼상 20:42).

여부스 사람들 (Jebusites)

예루살렘의 옛 이름이 '여부스' (삿 19:10).
예루살렘 주변과 예루살렘 성 안에서 살던 사람들.

전쟁 시 성이 포위되는 것에 대비해서 기원전 18세기에서 15세기 사이에 가나안에 살던 사람들이 기혼샘의 물을 성안으로 끌어들이기 위해 지하로 파 놓은 수로(Water Tunnel)가 있었음.

다윗은 이 수로를 통해 군대를 투입, 요새를 점령, 그곳 이름을 '다윗성' 으로 부름(삼하 5:6–7).

다윗 성의 지하터널

다윗이 군사를 투입했던 지하터널을 최근에 복원한 것 - 다윗 성

랍바 성

랍바 성 (지금 요르단의 수도 암만의 Citadel)

우리아가 죽은 랍바 성

(Rabbah Citadel, 암만, Amman, 빌라델비아, Philadelphia)

랍바 성의 야경

다윗의 군대장관 요압 – 암몬자손의 왕성이었던 랍바를 점령(삼하 12:26).
랍바 – 물들의 성읍(삼하 12:27), 얍복강의 근원을 이루는 풍부한 물이 있었음.
밧세바의 남편 우리야 – 랍바전쟁에서 죽음

다윗의 시련

다윗의 초기 시련 – 아무런 잘못이 없었지만 하나님께서 다윗을 연단, 진정한 왕의 그릇을 만들기 위한 시련

다윗의 후기 시련 – 밧세바의 일로 잘못을 저지른 뒤에 많은 시련을 당함

압살롬의 무덤

압살롬의 무덤 – 기드론 계곡

다윗의 시

히브리어와 영어로 된 다윗의 시 – 예루살렘에서

우리 발이 네 성문 안에 섰도다. 예루살렘아 너는 조밀한 성읍과 같이 건설되었도다. (시 122:2-3)

시편 파노라마	
***시편** – 하나님을 향한 감사, 찬양, 소원, 기도가 담긴 시들, 하나님이 행하신 크신 일들(창조, 선택, 출애굽, 가나안 정복 등)을 찬양 대부분의 시편이 예루살렘에서 기록됨.	
제 1권 (1-41편)	대부분 다윗의 시, 익명
제 2권 (42-72편)	다윗, 아삽, 솔로몬, 고라 자손
제 3권 (73-89편)	다윗, 아삽, 고라 자손, 헤만, 에단
제 4권 (90-106편)	모세, 다윗, 익명
제 5권 (107-150편)	다윗, 솔로몬, 익명

시편

1. 시편은 BC 1400년부터 BC 430년까지 점진적으로 기록됨.

2. 많은 시편이 오늘처럼 예배환경에서 사용됨.

세상에 의인은 없다.

"어리석은 자는 그의 마음에 이르기를 하나님이 없다 하는도다 그들은 부패하고 그 행실이 가증하니 선을 행하는 자가 없도다 여호와께서 하늘에서 인생을 굽어살피사 지각이 있어 하나님을 찾는 자가 있는가 보려 하신즉 다 치우쳐 함께 더러운자가 되고 선을 행하는 자가 없으니 하나도 없도다" (시편 14:1-3)

아담의 타락 이후 죄의 세력이 모든 사람들에게 미치게 됨 - 원죄

하나님이 요구하시는 수준의 선을 행할 수 없음.

의롭게 해줄 구원자가 모든 사람에게 필요함(시 14:7)

시편에 나오는 '셀라'

(Selah, 시 3, 4, 9, 20, 24)

구약성경에 74번 나옴.

시편에 있는 시의 끝과 하박국 3장의 하박국의 기도에서도 세 번 나옴.

정확한 뜻에 대해서는 학자들 간에도 견해가 다름.

'높이다'(to lift up)는 뜻을 가진 Salal에서 유래?

- 셀라(Selah)는 잠시 음악을 쉬는 동안 목소리를 높이거나 악기의 볼륨을 높이라는 지시?

음악에서 중간에 **'쉼표'** (노래 부를 때 숨을 쉬어라 등)를 나타낸 것?

이미 앞에 한 말을 다시금 긍정하는 **'아멘'** (Amen)에 해당?

3. 솔로몬 왕 이야기 (BC 970–930년)

솔로몬 왕 이야기

솔로몬 이야기: 열왕기상 1–11장, 역대상 29장(마지막 장)
역대하 1–9장 19장,
잠언, 전도서, 아가서

솔로몬의 업적: 성전건축과 국제무역으로 부를 축적,
잠언, 전도서, 아가서를 기록함

구약성경의 해당 지역

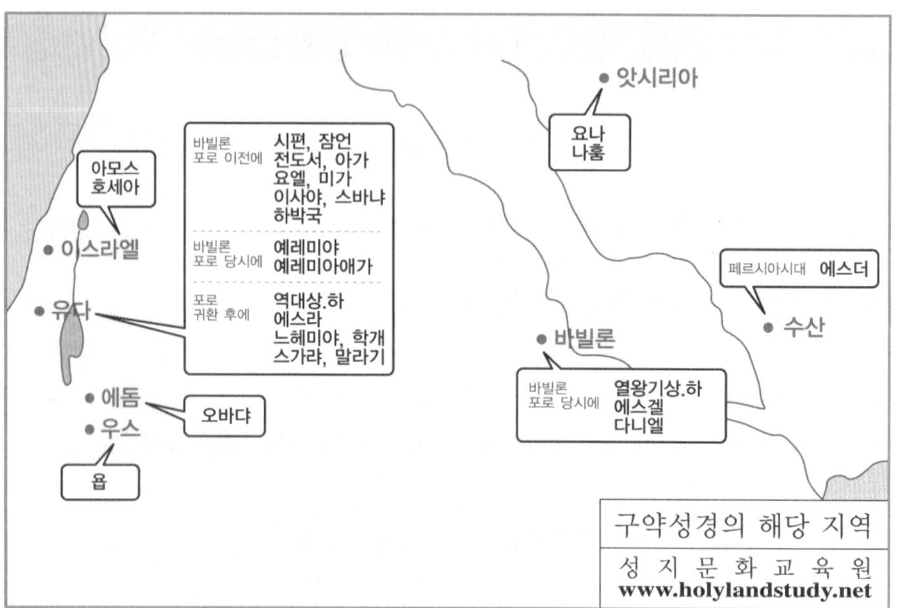

열왕기상 – 솔로몬에서 아합까지 유다와 이스라엘 왕들에 대한 기록
열왕기하 – 아합의 죽음에서 포로생활까지 기록

* 바빌론에서 기록된 열왕기상. 하에는 사울 왕에 대한 언급이 없다.

솔로몬과 스바 여왕

스바 – 아라비아 반도의 남서쪽 오늘의 예멘(Yemen), 아프리카와 인도를 상대로 해상무역 금 보석 해상무역, 금, 보석, 몰약, 향유, 양념 등.

욥기 1:15에 침략자로 묘사된 스바 사람들은 아브라함의 후처 그두라(창 25:1–3)의 자손.

스바 여왕 – 솔로몬을 방문, 지혜에 감탄, 솔로몬의 해상무역이 스바가 독점했던 무역을 위협하지 않도록 협상을 위해 방문.

솔로몬이 성전을 건축한 곳

"솔로몬이 예루살렘 모리아 산에 여호와의 전 건축하기를 시작하니 그 곳은 전에 여호와께서 그의 아버지 다윗에게 나타나신 곳이요 여부스 사람 오르난의 타작 마당에 다윗이 정한 곳이라" (대하 3:1)

한국에서 출판된 성경의 대부분이 사무엘하 24:18에 나오는 사람을 '아라우나'로 번역하고,
역대상 21:18에 나오는 사람을 '오르난'으로 번역하고 있다 .
그러나 '오르난'과 '아라우나'는 같은 사람으로 그리스어로는 Orna이며 영어로는 Araunah이다.

예루살렘 성전 자리

1. **아브라함이 이삭을 바쳐 제단을 쌓던 모리아 산** (창 22:2)
2. **다윗이 여부스 사람 오르난의 타작마당을 사서 제사드린 곳** (대상 21:18)
3. **솔로몬이 성전을 지었던 자리.**
4. **바빌론 포로에서 돌아온 유대인들이 성전을 재건한 곳.**
5. **알렉산더 대왕 이후 실루키드 왕조의 안티오쿠스 에피파네스(Antiochus Epiphanes)가 이 성전에 제우스 제단을 만들고 돼지를 잡아 제물로 바쳐 유대인들의 반감을 사서 마카비 반란을 유발했던 곳.**
6. **헤롯은 이곳에 다시 성전을 건축.**
7. **AD 135년 로마황제 하드리안은 이곳에 주피터 신전을 지음.**
8. **AD 691년에 오마르(Caliph Omar)가 모스크(the Dome of the Rock)를 지었고 1027년 지진피해를 입었으나 복구.**

솔로몬 성전 외부 모습

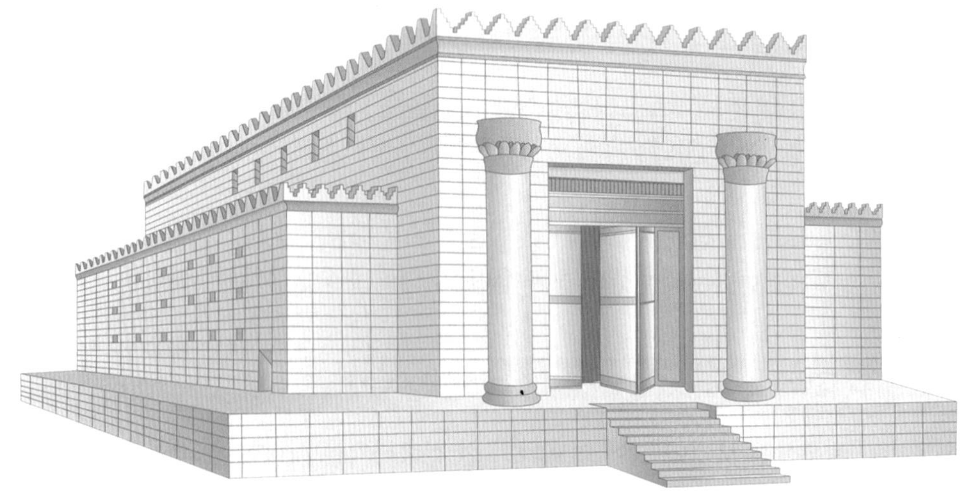

성전 본당은 길이 27m(60Cubits), 넓이 9m(20Cubits),
높이 13.5m(30Cubits)에 불과한 작은 규모였다. (왕상 6:2)

성전 건축 후 솔로몬의 기도

1. 하나님의 은혜에 대한 감사.
2. 불확실한 미래의 범죄에 대한 용서(대하 6장).
3. 이 성전에서 기도하는 외국인들을 위한 응답(대하 6:32-33).

성전 봉헌식에 솔로몬이 드린 제물

소 22,000마리와 양120,000마리(대하 7:4-5).

백향목

레바논의 백향목 (왕상 5:6)

해발 2,000m 넘는 마크말(Makmal)
산 경사진 곳에 있다.
솔로몬이 성전을 건축하던 나무.
어떤 나무는 1,500년이 넘는 것도 있다.

예루살렘의 모형

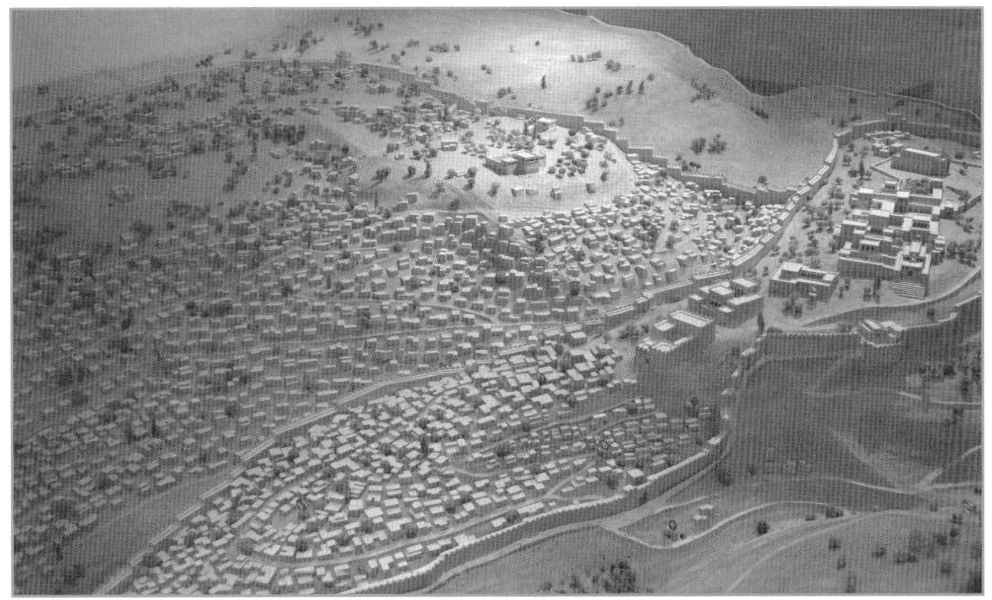

다윗과 솔로몬시대 예루살렘의 모형

예루살렘의 모형

예수님 당시 예루살렘 모형

예루살렘

오늘의 예루살렘과 황금 사원

예수님 당시 예루살렘과 헤롯 성전을 재구성한 모형 (이스라엘 박물관)

예수님 당시 헤롯 성전 모델

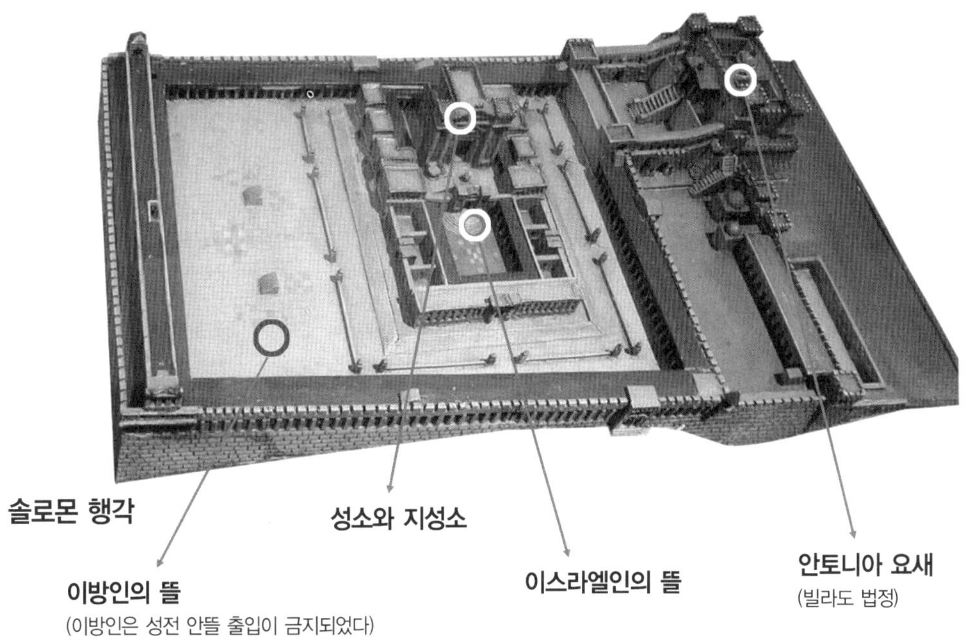

솔로몬 행각

성소와 지성소

이방인의 뜰
(이방인은 성전 안뜰 출입이 금지되었다)

이스라엘인의 뜰

안토니아 요새
(빌라도 법정)

율법 보관소

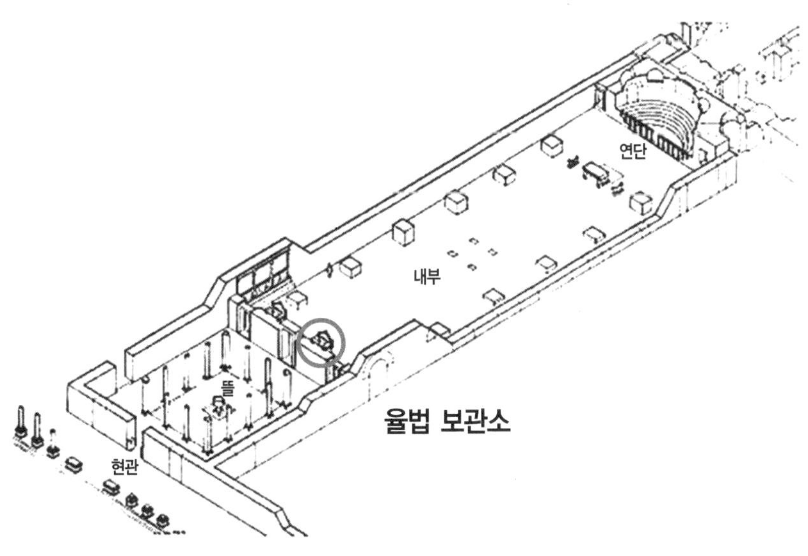

율법 보관소

회당 – 제사를 드리지 않고 율법 공부만 하는 곳. 바빌론 포로 때부터 생김.
도면 – 세계에서 가장 큰 사데의 회당

산당들 (바모트, Israelite Shrines) (왕상 22:43)

이방신을 섬기는 산당 - 가나안 땅의 농사의 신 바알과 아스다롯 등에 빠져 높은 곳이나 나무 밑에 산당들을 지음. 산당에서 우상을 세우고 종교적 음행이 이루어짐. 사사들과 예언자들은 이와 같은 우상숭배를 강하게 질책함. 따라서 산당을 뜻하는 바마(Bamah)는 질책과 멸시를 의미하는 말이 됨.

하나님 섬기는 산당 - 하나님을 섬기기 위해서 지은 산당들도 있음. 레위인들이 제사장의 직무를 행함. 사무엘도 산당으로 올라가서 하나님을 섬김(삼상 9:14).

*예루살렘 성전이 지어지기 전까지는 이스라엘 사람들은 산당에서 제사를 드렸으며 솔로몬은 기브온 산당에서 일천 번제를 드림(왕상 3:2-4).

이스라엘 사람들은 야훼 종교의 산당과 이교의 산당을 구별하지 못하고 야훼종교의 순수성을 훼손함.

순수한 야훼 신앙을 외치던 예언자들은 산당을 원칙적으로 배척(렘 3:2 겔 20:27-32).

요시야 왕은 여로보암이 벧엘에 세운 제단과 산당을 헐고 또 그 산당을 불사르고 빻아서 가루를 만들며 또 아세라 목상을 불사름 (왕하 23:15).

그러나 야훼 숭배가 이루어지는 산당도 있었으므로 과감히 없애지 못함(왕상 15:14, 22:43).

이스라엘 산당

지성소와 돌기둥제단들(마체보트)

아랏에 있는 고대 이스라엘 산당의 모습

번제단

게셀의 돌기둥 제단들(마체보트)

게셀의 돌기둥들 – 가나안 사람들이 산당에서 종교적으로 사용하던 것들이다.
고대 가나안 인들은 돌을 기둥으로 세워 제사를 드렸으며
야곱도 베게했던 돌을 기둥으로 세워 그 위에 기름을 부었다(창 28:18).

멸망산

다윗 성 맞은 편의 멸망산 (솔로몬의 후궁들이 이방 신들을 섬기던 곳)

솔로몬의 잘못

1. 백성들에게 무거운 짐을 지움 (성전, 왕궁, 많은 도시를 건설)
2. 700명의 아내와 300명의 첩 등 많은 외국여자들을 거느림,
   그들이 시집올 때 자기들의 우상을 가져옴,
   솔로몬도 그들의 우상에 빠짐. (왕상 11:2)

예루살렘

다윗과 솔로몬 시대

이스라엘의 최 전성기,
영토가 유프라 테스 강
서쪽에서 아카바만까지

CHAPTER 7

성서지리와 문화

분열 왕국시대

분열왕국 이야기 (BC 930년부터)

- 왕상. 하, 대하 10-36장

르호보암(930-913) - 왕이 된 뒤 북쪽 이스라엘의 세겜을 방문. 세겜 사람들은 과도한 노동을 줄여줄 것을 요구. 르호보암이 거절. 북쪽 이스라엘 사람들은 반란.

여로보암(930-910) - 솔로몬 치하에서 이집트로 도망쳤다가 세겜으로 돌아가서 여호와의 선지자 아히야의 도움으로 북쪽 이스라엘의 왕이 됨.

남쪽 유다 - 2지파 (유다와 베냐민)

북쪽 이스라엘 - 10지파(르우벤, 잇사갈, 시므온, 스불론, 갓, 아셀, 단, 에브라임, 므낫세, 납달리)

여로보암과 애굽 왕 시삭

여로보암의 모반

- 솔로몬 말년 시국의 어지러움을 틈타 모반, 애굽으로 도망, 시삭 왕의 도움을 받음(왕상 11:40).
- 솔로몬이 죽자 북쪽 이스라엘에 돌아가 왕이됨.

르호보암 제 5년

- 애굽왕 시삭이 예루살렘을 침공, 성전과 왕궁의 보물들을 가져감(대하 12:9).

룩소의 아몬신전 벽에는 시삭왕의 이스라엘 원정 그림이 있다. 이집트의 라암셋에는 시삭 왕의 묘가 있다.

시삭 왕의 묘실 - 이집트의 라암셋

분열 왕국

북쪽

이스라엘 12지파 가운데서 북쪽
이스라엘은 10지파로 왕국을 이룸

남쪽

유다와 베냐민 두 지파가 왕국을 이룸

이스라엘과 유다

* 위에 표기된 년도는 다 기원 전(BC)임

이스라엘과 유다의 왕들

남쪽 유다 왕 (20왕) BC			북쪽 이스라엘 왕 (19왕) BC		
1. 르호보암	930-913	17년	1. 여로보암	930-910	22년
2. 아비야	913-911	3년	2. 나답	910-909	2년
3. 아사	911-870	41년	3. 바아사	909-886	24년 - 디르사에서 다스림
4. 여호사밧	873-848	25년	4. 엘라	886-885	2년 - 디르사에서 다스림
5. 여호람	848-841	8년- 아합의 딸과 결혼	5. 시므리	885	7일 - 디르사에서 다스림
6. 아하시야	841	1년	6. 오므리	885-874	12년 - 수도를 사마리아로 옮김
7. 아달랴	841-835	6년	7. 아합	874-853	22년 - 사마리아에서 다스림
			8. 아하시야	853-852	2년
			9. 여호람	852-841	12년
			10. 예후	841-814	(28년) 앗시리아(살만에셀 3세)를 의지, 시리아를 견제
8. 요아스	835-796	40년	11. 여호아하스	814-798	17년
9. 아마샤	796-781	29년	12. 여호아스	798-783	16년 엘리사의 죽음
10. 웃시야	781-740	52년	13. 여로보암 2세	783-743	41년
11. 요담	740-736	16년	14. 스가랴	743	6개월
12. 아하스	736-716	16년 앗시리아 불을 의지	15. 살룸	743	1달
13. 히스기야	716-687	29년 앗시리아를 배반 산헤립의 침략	16. 므나헴	743-738	10년 - 앗시리아 왕 불이 침략
14. 므낫세	687-642	55년 - 아들을 불태워 이방신에게 바침	17. 브가히야	738-737	2년
15. 아몬	642-640	2년	18. 베가	737-732	20년 - 앗시리아 왕 불이 침략
16. 요시야	640-609	31년	19. 호세아	732-722	9년 - 이집트의지, 앗시리아를 배반 앗시리아의 포로 722년
17. 여호아하스	609	3개월			
18. 여호야김	609-598	11년 이집트를 의지 바빌론을 배반 605년 느부갓네살의 침략			
19. 여호야긴	597	3개월			
20. 시드기야	597-586	11년 - 바빌론의 포로 (BC 586년)			

선지자들의 연대

선지자	대략연대	유다의 왕	이스라엘의 왕
엘리야 에리사	875-797 BC		아합
오바댜	845 BC	여호람	요람
요엘	835 - 796 BC		요아스
요나	770-750 BC	아마샤와 웃시야(함께 섭정) 앗시리아 왕 살만에셀 4세	여로보암 2세
아모스	763-750 BC	웃시야	여로보암 2세
호세아	755-715 BC	웃시야, 요담, 아하스, 히스기야	여로보암 2세, 스가랴, 샬룸, 므나헴, 브가히야, 베가, 호세아
이사야	740-700 BC	웃시야, 요담, 아하스, 히스기야, 므낫세	베가, 호세아
미가	737-690 BC	요담, 아하스, 히스기야	베가, 호세아 (이스라엘의 멸망)
나훔	663-615	므낫세	앗시리아-오스납발
스바냐	640-609	요시야	바빌론 - 나보폴라살
예레미야	627-580	요시야, 여호아하스, 여호야김, 여호야긴, 시드기야, 포로민의 총독- 그달랴	바빌론-나보폴라살, 느부갓네살
하박국	630-588	여호야김	바빌론- 나보폴라살
다니엘	605-530	여호야김, 여호야긴, 시드기야	바빌론-느부갓네살부터 나보니두스까지 바사-고레스 아마 캄비세스
에스겔	593-570	시드기야	바빌론- 느부갓네살
학개	520-480	총독- 스룹바벨	바사- 다리오 1세
스가랴	520-480	총독-스룹바벨	바사- 다리오 1세

선지자들의 활동지역

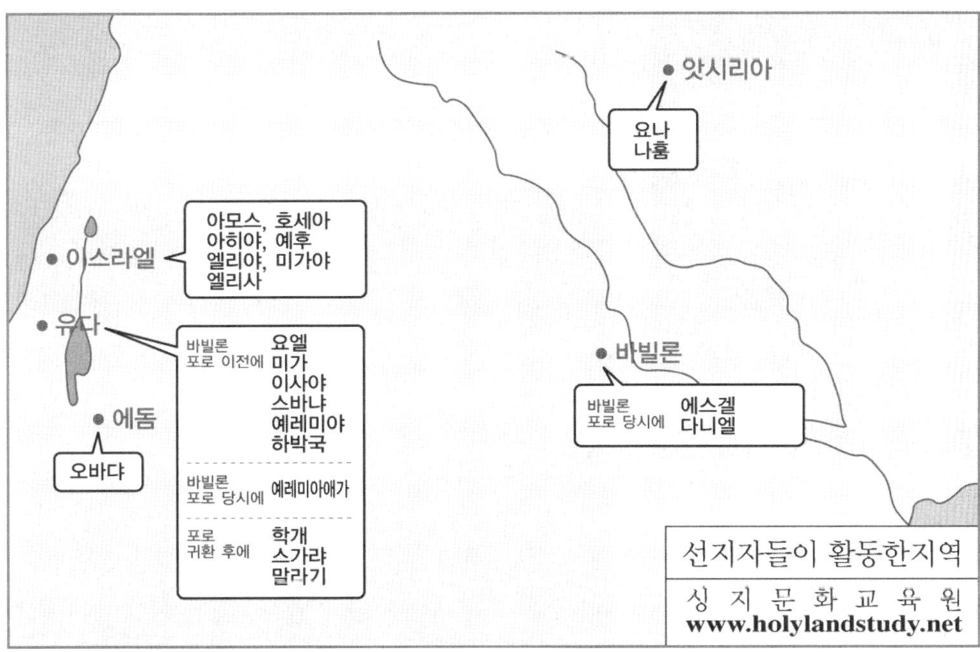

북쪽 이스라엘 이야기

(여로보암에서 19대 호세아 왕까지) (BC 930–BC 722)

분열왕국(남북) 이야기: 열왕기상 12–22장, 열왕기하 1–17장

남쪽 유다 – 왕위가 아버지에서 아들로 이어지면서 다윗의 혈통을 유지해 감

북쪽 이스라엘 – 왕위쟁탈을 위해 서로 죽이는 가운데 혼란을 거듭함

여로보암(930–910) – 왕이 된 뒤에 그의 정치적, 종교적 독립을 보여주기 위해 벧엘과 단에 신전을 지었다.

여로보암의 결정적인 실수 – 금송아지 두 마리를 만들어 벧엘과 단에 세움

(북쪽 이스라엘 사람들이 남쪽 예루살렘 성전에 올라가서 예배를 드리면 민심이 남쪽 르호보암에게로 옮겨갈 것을 우려해서 금송아지를 만들어 하나님을 떠나 우상을 섬기게 함. 여로보암의 집안은 이 죄 때문에 완전히 망하게 됨.)

제단 터

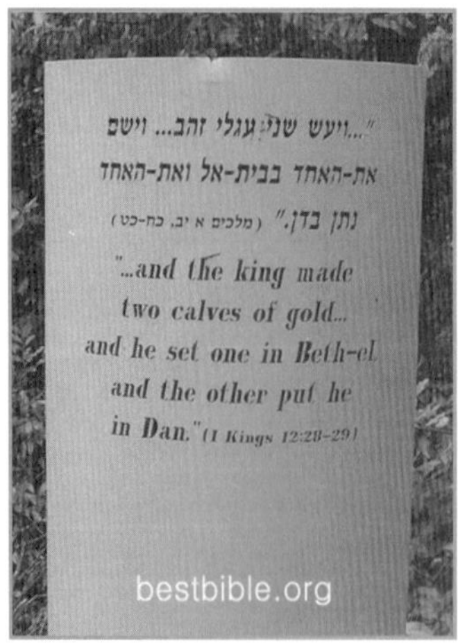

여로보암이 단에 만들었던 제단 터(왕상 12:28–29)

송아지 우상

소로 상징되는 신 – 이집트 고고학 박물관

금송아지(출 32:4)

이집트 사람들
- 암소로 상징되는 하토르(Hathor)와 수소로 상징되는 아피스(Apis)를 숭배함.

이집트에 살았던 이스라엘 백성들
- 시내 산 밑에서 금으로 송아지를 만듬.

송아지 우상에게 바치는 희생제물

여로보암 왕이 임의로 임명한 제사장이 신으로 만든 송아지에게 소를 희생제물로 바쳤다.

오므리 (BC 885-874년):

1. 모압을 정복
2. 두로 왕 엣바알과 동맹을 맺고 그의 아들 아합과 두로의 공주 이세벨과 혼인시킴.
3. 이스라엘의 수도를 디르사에서 사마리아로 옮김

아합 (BC 874-853년):

이세벨을 위해 바알 신당을 짓고 바알 선지자들을 위해 국고에서 필요한 것을 지출

엘리야

엘리야

- 우상에 대한 책망, 사회정의에 관심을 가진 선지자

엘리야의 동상 - 갈멜 산

- 바알 선지자 450명을 칼로 쳐 죽임.

이스라엘 사람들은 왜 바알(Baal) 종교에 쉽게 빠졌는가?

1. 여호와는 유목민의 신, 산의 신(왕상 20:23)

2. 바알은 농사의 신, 하늘의 신

여호와도 섬기고, 바알도 섬기고….. 종교적 혼합주의에 빠진 사람들에게 올바른 신관을 가르쳐 줌

성경의 보급이 일반화되지 않았던 시대에 대중들이 체계적인 신관을 가진다는 것이 어려웠다.

시내 산으로 도망치는 엘리야 (875 BC)

비를 내리게 한 엘리야

– 3년 동안 비가 오지 않았던 이스라엘 땅에 기도하여 비를 내리게 함. 비를 내리고 풍년을 주는 농사의 신도 바알이 아니라 여호와 하나님이신 것을 나타냄

도망가는 엘리야

– 왕후 이세벨의 낯을 피해 북쪽 갈멜산에서 남쪽 시내산으로 도망침

브엘세바에서 하루 종일 혼자 광야로 들어가 뜨거운 사막의 햇살을 피해 로뎀나무 아래서 죽기를 간구함. 그때 하나님께서 천사를 보내 구운 빵 하나와 물 한 병을 주어 먹게 하시고 힘을 북돋아 주심. 엘리야는 일어나 40일 동안 밤낮 걸어 하나님의 산인 시내 산에 도착함. 엘리야는 그곳에서 하나님의 새로운 사명을 받고 다시 이스라엘로 돌아감(왕상 19장).

로뎀나무

햇살이 강하게 내려 쬐는 브엘세바 광야에서 엘리야는
이런 나무의 그늘이라도 의지할 수밖에 없었다.

모압 왕 메사의 석비 (The Mesha Stone) – BC 9세기

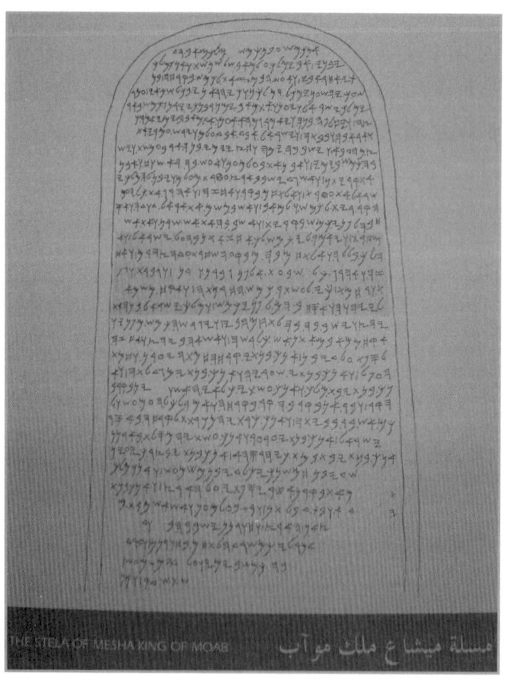

14-18줄

'그모스 신의 명령으로 메사가 밤에 전쟁에 나가서 정오까지 싸워 느보산 지방을 이스라엘 왕으로부터 빼앗았으며 남녀와 외국인을 합쳐서 7,000명을 살해하고 하나님의 전의 기명을 가져가서 그모스(Chemosh) 신당에 두었다.'

모압과 암몬 자손의 뿌리
(창 19:37-38).

모압 왕 메사의 배반
새끼 양 10만 마리와 숫양 10만 마리의 털을 조공으로 이스라엘 왕에게 바쳤으나 아합 왕(BC 874-853)이 죽은 뒤에 이스라엘을 배반함(왕하 3장 4-5절).

이스라엘 왕 여호람(BC 852-841)과 유다 왕 여호사밧(BC 873-848)과 에돔 왕의 연합군 - 모압을 치러감(왕하 3:9)

모압 왕 메사
맏아들을 성벽 위에서 불로 태워 모압 신에게 제사를 드림(왕하3:6-27).

당시 사람들은 전쟁을 신들의 대리전으로 생각. 예를 들어 이스라엘과 모압의 전쟁은 이스라엘 사람들이 섬기는 신 여호와와 모압 사람들이 섬기는 신 그모스의 전쟁으로 생각.

길하레셋 성

모압 왕 메사가 아들을 번제로 드린 성 - 카락성 (Karak and its Citadel)

가나안 신들

그모스(Chemosh) – 모압 족속의 국가 신으로 전쟁의 신, 솔로몬 왕이 이 신을 위해 예루살렘 앞 멸망 산 우편에 산당을 지음(왕상 11:7–8), 요시야 왕이 폐지시킴(왕하 23:13).

엘(El) – 가나안 최고의 신 ⟷ **아세라(Asherah) – 엘(El)의 아내**

바알(Baal) ⟷ **아스다롯(Ashtaroth) – 바알의 아내**

엘(El)의 아들 중의 하나로
풍요와 다산(多産)의 신.
그 숭배는 BC 14세기로
거슬러 올라감.

밀곰 – 암몬의 국가 신(왕상 11:5). 몰록으로도 부름(행 7:43). 주로 어린 아이를 제물로 사용하여 불 가운데로 지나게 함. 곡물과 농사의 신.

성경에 나오는 이방 신들

신	국가	신의 내용	성 경
바알 (Baal)	가나안	농사의 신	왕상 16:31, 18:18–46
아스다롯 (Astarte)	가나안	시돈 여신	삿 2:13, 10:6, 삼상 12:10, 왕상 11:5
그모스 (Chemosh)	모압	국가 전쟁의 신	민 21:29, 삿 11:24, 왕상 11:7, 33, 렘 48:7
몰렉(Molech,밀곰)	암몬	국가의 신	습 1:5, 렘 49:1, 왕상 11:7, 33
다곤 (Dagon=fish)	블레셋	곡물과 농사의 신	삿 16:23, 삼상 5:2–7
하늘 여신 (Queen of Heaven)	가나안	다산의 신	렘 7:18, 44:17–25
마르둑 (Marduk)	바빌론	풍요와 폭풍의 신	렘 50:2
벨 (Bel)	바빌론	마르둑의 다른 이름	사 46:1, 렘 51:44 ,
느보 (Nebo, Nabu)	바빌론	마르둑의 아들 (지혜와 학문의 신)	사 46:1
담무스 (Tammuz)	메소포타미아	늦여름 수확의 신	겔 8:14

이방 신

바알 (Baal)

가나안 최고의 신 엘(티)의 아들 중의 하나로 풍요와 다산(多産)의 신, 레바논, 페니키아, 가나안 땅에 널리 퍼짐. 바알종교에서는 종교의식으로 음행이 이루어짐.

아스다롯 (Astarte)

페니키아인들의 사랑의 여신, 바알의 아내, 이스라엘 사람들 가운데는 이 여신을 하늘 황후로 섬기기도 했음(렘 7:16–20).

솔로몬도 아스다롯을 섬김(왕상 11:5). 아스다롯 종교의식으로도 음행이 이루어짐.

아모스서 파노라마

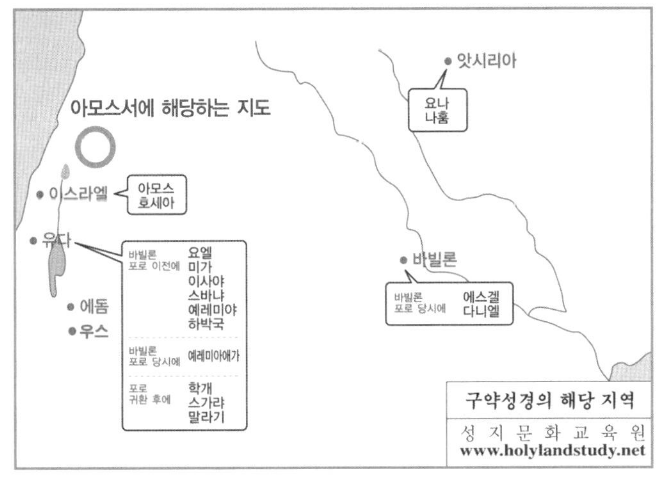

1–2장
이스라엘의 인접국에 대한 심판

2–8장
유다와 이스라엘에 대한 심판

9장
이스라엘에 대한 심판과 회복

아모스 (BC 763–750): 사회정의를 외침

호세아서 파노라마

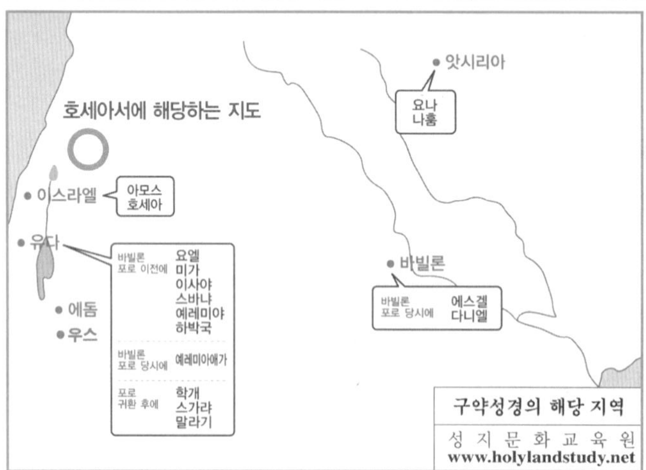

1장
호세아의 가정을 통한 교훈

2-14장
이스라엘의 범죄와 하나님의 사랑, 하나님의 심판과 회복

호세아 (755-715 BC):
창녀와 같은 이스라엘 백성을 하나님이 인내로 찾으시는 모습을 보여줌.

북쪽 이스라엘의 멸망

예후(841-814 BC) - 앗시리아 왕 살만에셀 3세를 섬김

호세아(732-722 BC) - 이집트와 손잡고 앗시리아에 항거함.

살만에셀 5세(앗시리아 왕) - 사마리아를 3년 동안 포위한 뒤에 멸망시킴(BC 722년)

사르곤 2세(Sargon II) - 살만에셀 5세의 아우로 왕이 됨(BC 721년).
이스라엘 사람들을 하볼강 메데로 추방(왕하 17:6) 이스라엘 사람들이 떠난 자리에 전쟁군인들과 바빌론과 시리아 등 북동쪽 사람들을 이주시킴. 이 때 이주해 온 사람들이 사마리아인들의 조상이 됨. 이주민들은 각기 자기들의 신상을 만들어 섬기고(왕하 17:29) 사마리아에 남아 있던 이스라엘인들과 혼혈이 됨.
- 유다인들이 사마리아인들을 이방인들로 취급했던 이유.

이스라엘 10지파가 역사에서 사라짐. BC 930년 이스라엘이 남북왕조로 갈라진 뒤 북쪽은 208년 동안 존속. 19왕이 다스렸으나 한 왕도 하나님 앞에 선한 왕이 없었음.

앗시리아 왕

앗시리아 왕 살만에셀 3세에게 엎드려 절하는 이스라엘 왕 예후 (841-814 BC) 〈대영박물관 소장〉

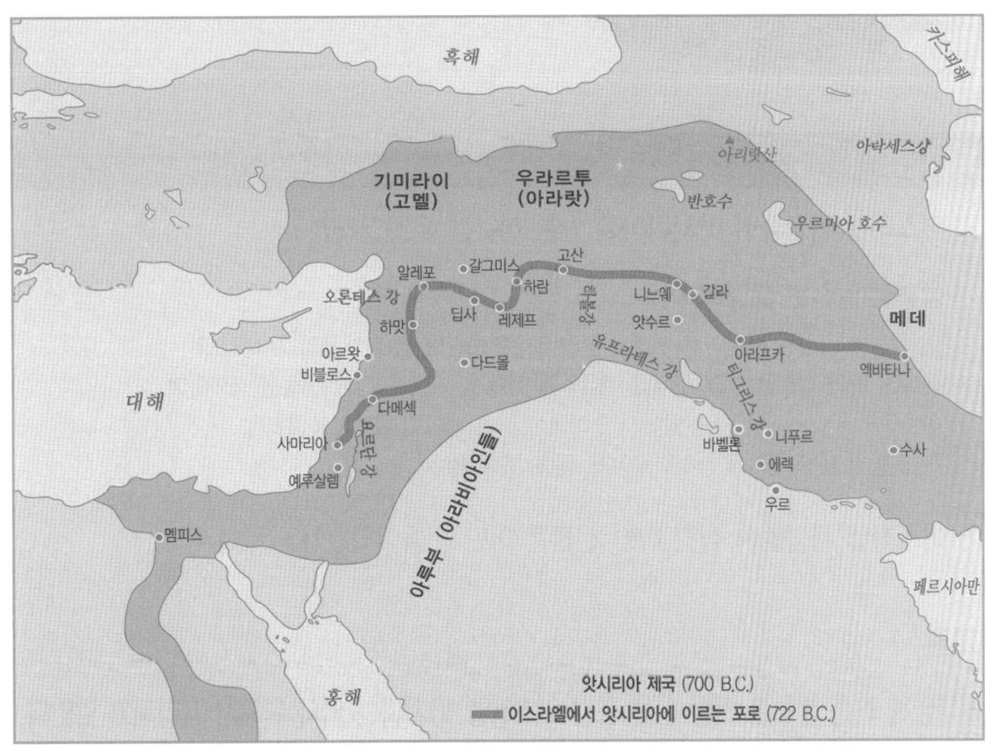

고대 근동지방의 포로추방과 대량학살

고대 근동지방의 전쟁에서 정복자는 도시파괴, 왕궁과 관청의 기물약탈, 신전파괴, 전쟁포로를 잡아감, 정복지에서 반란이 일어나면 더 많은 포로들을 잡아감으로 남은 사람들이 반란을 일으키지 못하게 함.

앗시리아의 부조들 가운데는 벌거벗은 채 결박되어 잡혀가는 포로들의 모습이 새겨져 있음.

사르곤 2세의 제단

사르곤 2세(BC 721-705)가 니느웨에서 사용하던 제단(the Altar of Sargon II)

사르곤 2세의 아들은 산헤립(BC 704-681)이다.
(이스탄불 근동 박물관 소장)

토론내용

1. **이스라엘 백성들이 앗시리아에 망한 이유는 무엇인가?**

   성경이 말하는 멸망의 이유:
   "이 일은 이스라엘 자손이 자기를 애굽땅에서 인도하여 내사 애굽의 왕 바로의 손에서 벗어나게 하신 그 하나님 여호와께 죄를 범하고 또 다른 신들을 경외하며 여호와께서 이스라엘 자손 앞에서 쫓아내신 이방 사람의 규례와 이스라엘 여러 왕의 세운 율례를 행하였음이라" (왕하 17:7-8).

2. **이스라엘 사람들이 섬긴 이방 신들은 어떤 신들이었는가?** (왕하 17:16~)

교훈

하나님께 죄를 범하고 이방 신을 섬긴 이스라엘 10지파는 역사 위에서 사라지고 말았다.

남쪽 유다 이야기 (르호보암에서 20대 시드기야 왕까지)

(BC 930- BC 586)

분열왕국(남북) 이야기 – 열왕기상 12-22장

분열왕국(남북) 이야기 – 열왕기하 1-17장

남쪽 유다왕국 이야기 – 열왕기하 18장-25장(마지막 장)

남쪽 유다왕국 이야기 – 역대기하 10-36장

역대기상. 하

역대기상. 하 – 포로귀환 후 BC 458-440년 사이에 에스라에 의해 예루살렘에서 기록됨. 아담에서부터 전체 역사를 기록, 남쪽 유다나라를 중심으로 역사를 기록, 북쪽 이스라엘은 다윗의 혈통을 이은 것이 아닐뿐더러 포로 당시 이방인들과 혼혈되어 하나님의 백성으로서의 정통성을 상실한 것으로 간주.

역대기상 – 아담으로부터 다윗과 솔로몬에 이르는 유다 역사를 기록.

역대기하 – 솔로몬으로부터 예루살렘 함락과 바빌론 포로, 바사 왕 고레스의 귀환 명령 때까지의 역사 등 주로 남쪽 유다왕국을 중심으로 역사를 기록. 역대기 하에는 18장에 아합 왕에 대한 선지자 미가야의 경고 외에는 북쪽 이스라엘 나라에 대한 언급이 없음.

이스라엘의 분열 – 르호보암에게서 시작. 그는 지혜 없는 왕(왕상 12장).

앗시리아 왕 디글랏 빌레셀(불, 745-727 BC) – 바빌론과 주변 국가들을 정복하여 조공을 받음. BC 732년 유다를 도우러 와서 시리아의 수도 다메섹을 점령하여 르신을 죽이고 시리아 사람들과 이스라엘 사람들을 포로로 잡아감.

이스라엘 왕 베가(737-732 BC)와 시리아 왕 르신 – 앗시리아에 대항하기 위해서 유다 왕 아하스를 끌어드리려 함. 아하스는 이를 거부함. 베가와 르신이 아하스부터 처치하려고 예루살렘을 포위함.

유다 왕 아하스(736 736-716 BC) – 앗시리아 왕에게 성전에 있는 금과 은을 선물로 주고 도움을 요청. 아하스는 앗시리아 왕 디글랏 빌레셀의 도움으로 이스라엘과 시리아의 위협에서는 벗어남. 그러나 앗시리아 군대를 끌어들임으로 정치적, 종교적, 독립성을 상실. 앗시리아의 신들을 경배하게 됨.

열왕기하 16:10-11을 보면

"아하스 왕이 앗시리아 왕 디글랏 빌레셀을 만나러 다메섹에 갔다가 거기 있는 제단을 보고 아하스 왕이 그 제단의 모든 구조와 제도의 양식을 그려 제사장 우리야에게 보냈더니 아하스왕이 다메섹에서 돌아오기 전에 제사장 우리야가 아하스 왕이 다메섹에서 보낸 대로 모두 행하여 제사장 우리야가 제단을 만든지라"

아하스 왕
외세의 도움 요청, 외세의 영향아래 신앙적인 노예가 됨
사도바울 (아무에게 아무 빚도 지지 말라고 경고, 롬 13:8)

대부분의 유다 왕들
범죄와 이방 신들을 섬김

하나님 앞에 옳게 살려고 노력했던 남쪽 왕들
3대 왕 아사, 4대 왕 여호사밧, 8대 왕 요아스, 9대 왕 아마샤, 10대 왕 웃시야, 11대 왕 요담, 13대 왕 히스기야, 16대 왕 요시야

히스기야 왕(716-687 BC)
앗시리아 왕 산헤립의 강력한 군대를 물리침. 예루살렘 성밖의 기혼 샘의 물을 실로암 못을 통해 553미터의 지하터널을 만들어 성 안으로 끌어 들임 (BC 700년 경 라임스톤에 터널공사를 적은 석비)

제사장 힐기야
요시야 왕 때 성전에서 하나님의 율법책을 발견(아마도 신명기로 생각됨),
서기관 사반을 통해 왕에게 전달.
사반이 요시야 왕 앞에서 그 율법책의 내용을 낭독.

요시야 왕(640-609 BC)
옷을 찢고 회개, 산당을 헐고 유월절 지킴, 종교개혁운동을 일으킴(왕하 22-23장).

실로암

실로암 못

실로암 비문
이스탄불 고고학 박물관 소장

라임스톤에 새겨진 실로암 비문
BC 700년 경의 것.
히스기야 왕이 앗시리아 왕 산헤립이
침략했을 때 기혼샘과 실로암 못 사이에
553m의 터널을 만든 것을 기념하는 비문.

히스기야 터널

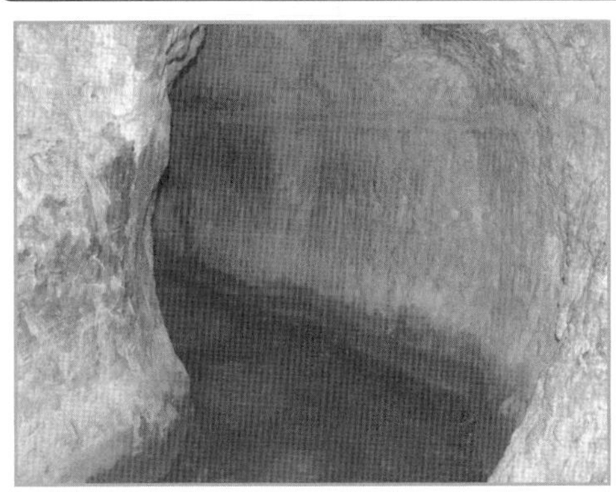

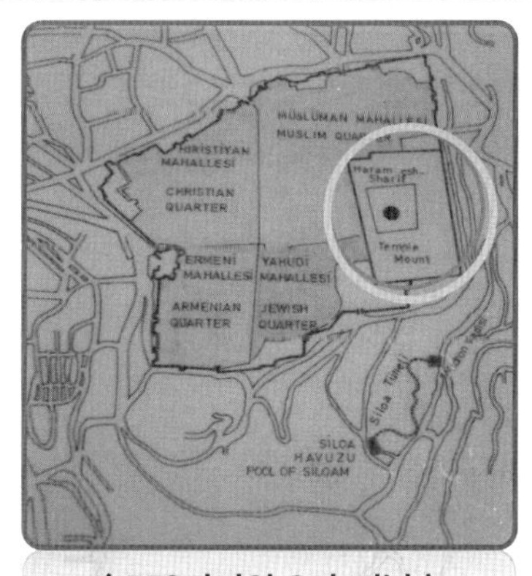

〈 553미터의 S자 터널 〉

히스기야 터널(Hezekiah's Tunnel)
히스기야의 남은 사적과 그의 모든 업적과 저수지와 수도를 만들어 물을 성 안으로 끌어들인 일은 유다 왕 역대지략에 기록되지 아니하였느냐 (왕하 20:20)

양쪽에서 석공이 S자 모양으로 돌을 깎아 들어가서 서로 만나는 지점이 1미터 정도의 오차에 불과했음.

요엘서 파노라마

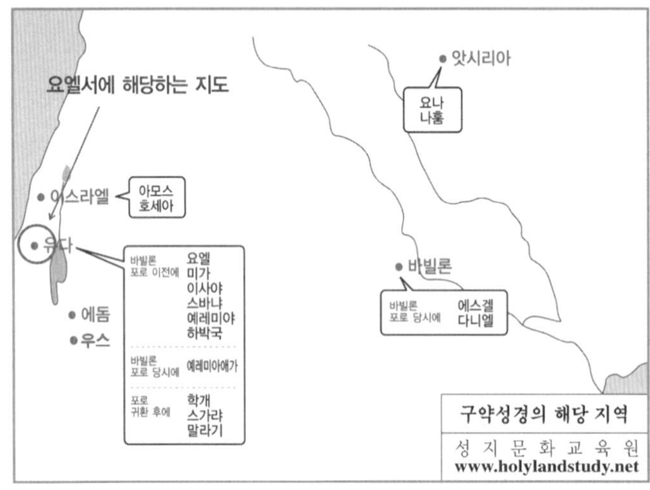

1장
재앙에 대한 선언과 회개 촉구

2장
여호와의 심판의 날과 회개 촉구,
여호와의 응답과 성령의 약속

3장
모든 민족에 대한 심판과 자기
백성을 축복하시는 하나님

요엘(BC 835-796):
유다에서 활동 . 하나님의 심판의 날이 다가오고 있으므로
금식을 선포하며 회개할 것을 촉구

이사야서 파노라마

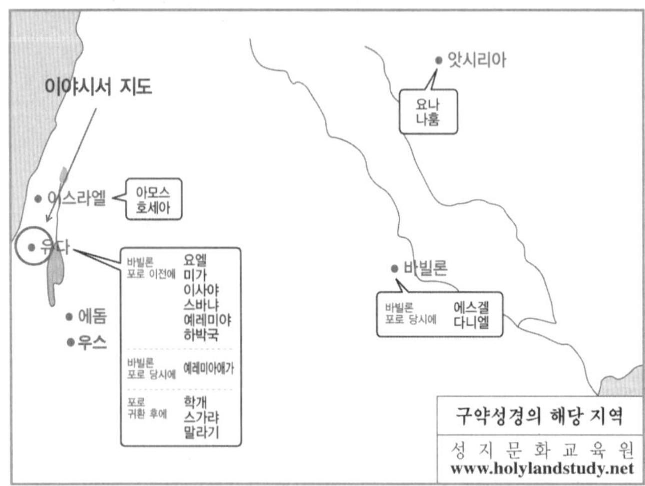

1-12장
거역하는 자에 대한 심판과 약속

13-35장
열방과 세상에 대한 심판과 약속

36-37장
유다 왕 히스기야와
앗시리아 왕 산헤립

38장 히스기야 왕의 병과 치료

39장 바빌론 사절단

40-44장 이스라엘의 구원자

45-64장 하나님의 구원

65-66장 심판과 희망

이사야는 740-700 BC에
남쪽 유다에서 활동한 선지자이다.

미가서 파노라마

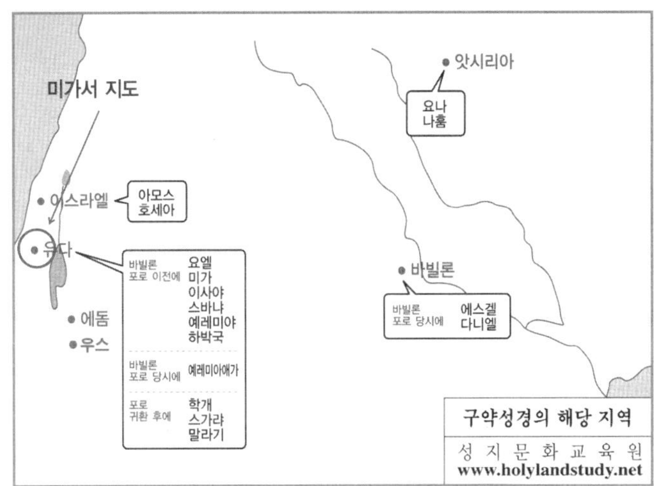

1-3장
사마리아와 예루살렘에 대한 심판

4장
여호와의 구원

5장
베들레헴에서 탄생할 메시아

6장
이스라엘의 죄와 형벌

7장
이스라엘의 고백과 위로

미가는 737-690 BC에 남쪽 유다에서 활동한 선지자이다.

스바냐서 파노라마

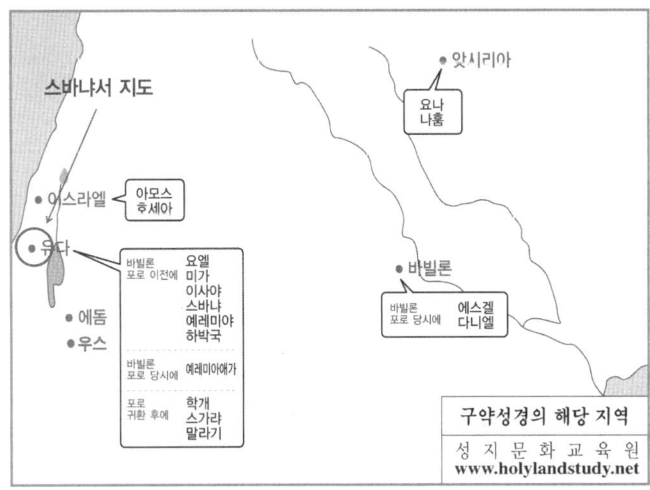

1장
여호와께서심판하시는 날

2장
회개의 호소와 이스라엘
인접국들에 대한 심판

3장
예루살렘의 심판과 회복

스바냐는 640-609 BC 남쪽 유다에서 활동하던 선지자이다.

남쪽 유다의 멸망

시리아와 이스라엘이 멸망한 후 앗시리아 황제에게 매년 세금을 바침.

아하스의 아들 히스기야(BC 716-687) - 앗시리아에 조공거부, BC 701년 사르곤 2세의 아들 앗시리아 왕 산헤립이 쳐들어와 예루살렘 성을 포위, 히스기야의 기도로 하나님께서 전염병(Plague)을 보내 산헤립의 군대는 패전하고 니느웨로 돌아감.

나보폴라살의 신바빌론제국 - BC 612년 앗시라아의 니느웨를 함락시키고 BC 609년 하란으로 도망가서 마지막으로 버티던 앗시리아 군대를 완전히 멸망시킴.

비옥한 초승달 지역을 놓고 대립하게 된 두 강국 바빌론과 이집트 사이에 유다 나라가 끼여 있게 됨.

이사야 - 다윗 집에 속한 왕족, 유다 사회의 부패를 책망, 사회정의를 외침.

'남은 자' - 비록 멸망할지라도 회개하고 살아남는 자가 있을 것이다.

미가(BC 701-650) - 예루살렘이 멸망하고 성전이 파괴될 것을 예언.

역대기상. 하

히스기야의 아들 므낫세 왕 - 아버지가 헐어버렸던 산당을 다시 세우고 우상숭배에 빠짐. 아들까지 불에 태워 이방 신에게 제물로 바침.

하나님 - 앗시리아 군대를 보내 유다를 치고 므낫세를 생포하여 갈고리로 그의 코를 꿰고 쇠사슬로 묶어 바빌론으로 끌고 가게 하심.

유다 나라 - 두 강국 이집트와 바빌론의 전투 사이에 끼임.

요시야 왕 - 앗시리아 왕을 돕고자 갈그미스로 출전하기 위해 지나가는 이집트 바로 느고와 시비를 걸다가 죽음.

여호야김 왕(609-598 BC) - 이집트의 도움을 바라고 바빌론에 항거, 바빌론의 느부갓네살 왕이 그의 아들과 유다 귀족들을 포로로 잡아감. (대하 36:5-8).

갈그미스

바빌론과 이집트의 격전지

유다의 19대 왕 여호야긴 때 (597BC) – 바빌론의 느부갓네살 왕이 유다를 다시 침공. 여호야긴 왕과 유능한 기능공들을 포로로 잡아감. 여호야긴 왕의 삼촌 시드기야를 왕으로 세움.

시드기야 (597–586) – 예루살렘에서 11년을 통치, 이방 우상들을 섬기고 예루살렘 성전을 더럽힘. 바빌론에 반기를 들었다가 바빌론에 포로로 잡혀감(왕하 25장).
남쪽 유다 나라는 344년간 존속하고 멸망함.

하나님 – 포로들이 예루살렘에 돌아와 하나님을 섬기도록 성전을 건축하게 하심.

북쪽과 남쪽의 차이점 – 하나님은 다윗에게 하신 약속을 기억하시고, 남쪽을 징벌하시되, 아주 망하게는 하지 않으셨다.

바빌론 제국

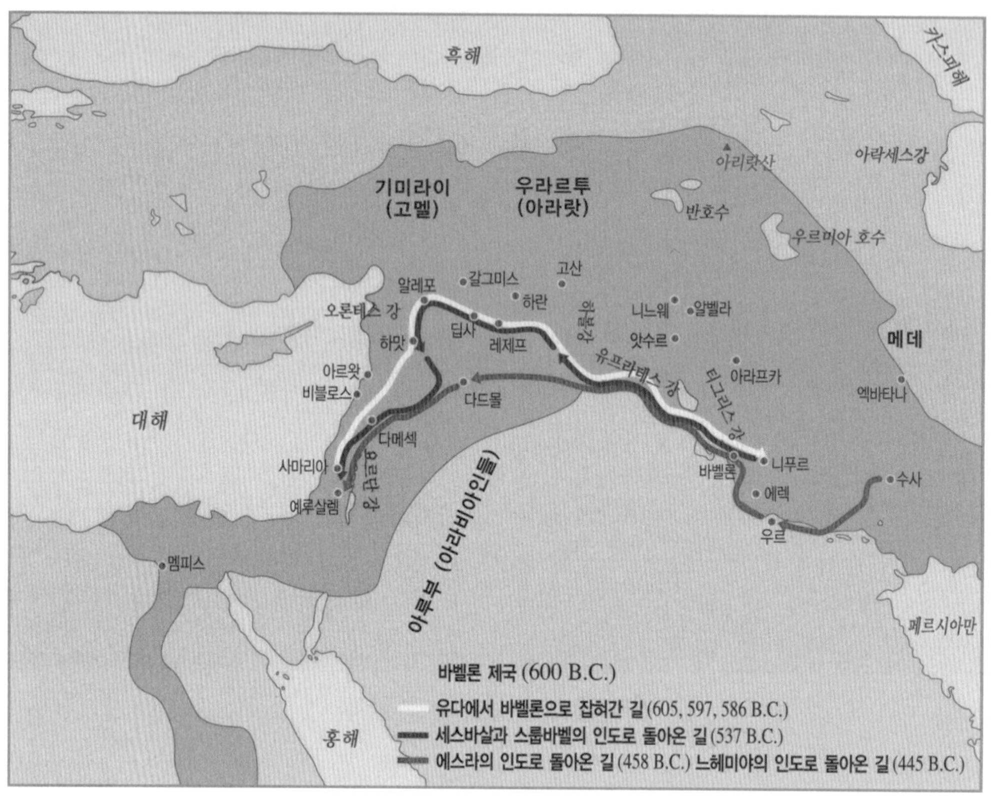
흑해
카스피해
아라랏산
아락세스강
기미라이
(고멜)
우라르투
(아라랏)
반호수
우르미아 호수
고산
알레포
갈그미스
하란
하볼강
니느웨
알벨라
오론테스 강
하맛
딥사
레제프
앗수르
메데
아르왓
비블로스
다드몰
유프라테스 강
티그리스 강
아라프카
엑바타나
대해
다메섹
사마리아
요르단 강
예루살렘
아라비아 (아라비아인들)
니푸르
바벨론
에렉
수사
우르
멤피스
페르시아만
홍해
바벨론 제국 (600 B.C.)
유다에서 바벨론으로 잡혀간 길 (605, 597, 586 B.C.)
세스바살과 스룹바벨의 인도로 돌아온 길 (537 B.C.)
에스라의 인도로 돌아온 길 (458 B.C.) 느헤미야의 인도로 돌아온 길 (445 B.C.)

바빌론 포로

1차 - BC 605년 여호야김 왕 3년(단 1:1-7) - 다니엘 등이 바빌론으로 잡혀감.
여호야김 왕 - BC 598년 (대하 36:5-8) - 바빌론으로 잡혀감.

2차 - BC 597년 (왕하 24:10-17) - 여호야긴 왕과 에스겔 등이 바빌론으로 잡혀 감

3차 - BC 586년 (왕하 25:7, 렘 52:29) - 시드기야 왕이 바빌론으로 잡혀 감

BC 605년 여호야김 왕 3년 다니엘과 유대 지도자들이 바빌론에 포로로 잡혀 간 이후 바사왕 고레스가 바빌론을 멸망시키고 포로들을 1차 귀환시켰던 BC 537년까지 약 70년 간을 바빌론 포로기간이라고 한다.

앗시리아(앗시리아) - 전체백성들을 포로로 잡아가서 이주하는 정책.

바빌론 - 앗시리아와는 달리 지식인과 기술자 등 지도자들을 잡아가는 정책.

바사(페르시아) - 포로들을 돌려 보내는 정책.

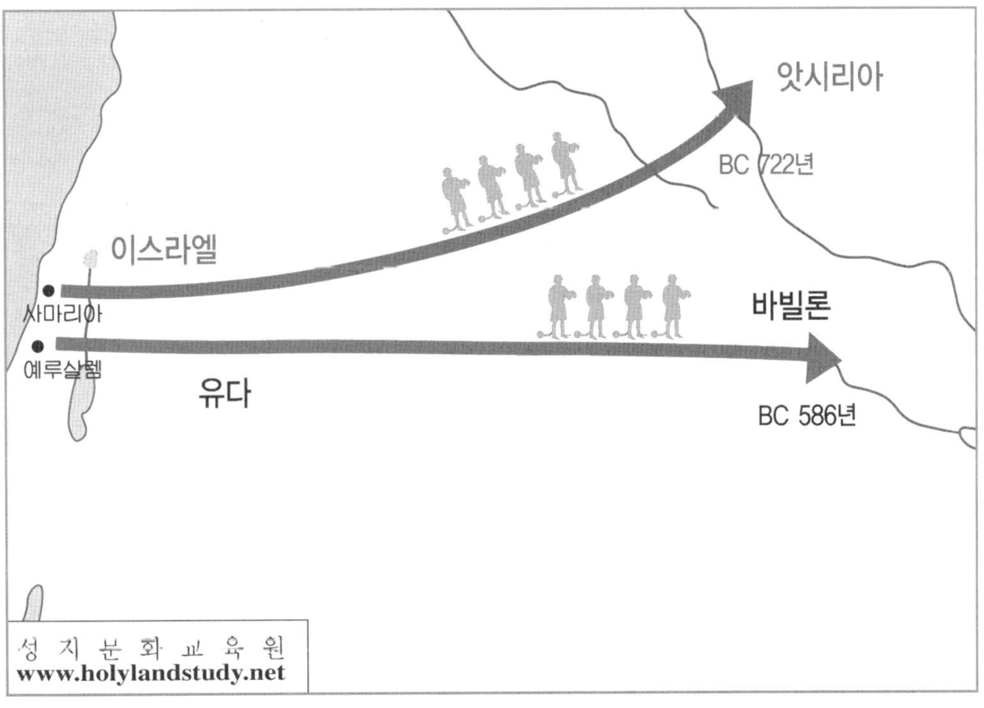

분열 왕국시대의 내용을 정리해 봅시다.

CHAPTER 8

성서지리와 문화

앗시리아 제국시대

앗시리아(앗시리아) 제국이야기 (BC 1350–BC 609)

읽을 성경 – 요나, 나훔

해당되는 성경 : – 열왕기하 8–21장
아모스 1–9장
호세아 1–14장
이사야 1–39장
미가 1–7장

1. **디글랏 벨레셀 3세** – 이스라엘을 항복시킴, 조공 받음 (BC 732년)
2. **이스라엘의 멸망 (BC 722년 살만에셀 5세)** – 앗시리아로 포로 감
3. **산헤립** – 유다를 침공 (BC 701년)

앗시리아 제국과 비빌론제국

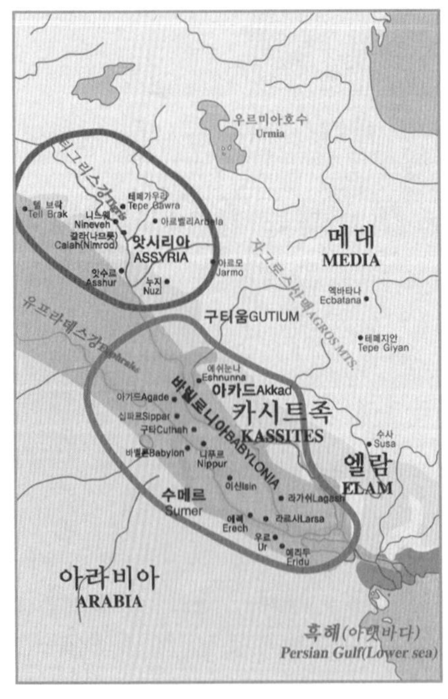

앗시리아제국 –

메소포타미아의 북쪽 절반을 차지함

바빌론제국 –

메소포타미아의 남쪽 절반을 차지함

이스라엘 왕 아합(874-853 BC)과 시리아(아람) 왕 벤하닷

주변 왕들과 연합해서 BC 853년 오론테스 강변에 있는 카르카르(Qarqar)에서 앗시리아 제국과 싸워 앗시리아의 침략을 막음.

카르카르(Qarqar) 전쟁 후 아합과 벤하닷은 다시 적이 됨, 엘리야의 예언대로 BC 850년 아합은 라못 길르앗에서 시리아인들에 의해 죽임을 당함, 그의 아들 여호람이 왕이 됨.

예후(841-814 BC)

여호람을 죽이고 왕이 되어 BC 814년까지 이스라엘을 다스림.
예후는 선지자 엘리사의 지원으로 바알 신 숭배자들을 살육.
아합의 아들 70명과 왕비 이세벨을 제거

이스라엘을 방문했던 다윗 집에 속한 42명의 왕족들도 죽임.

앗시리아와 손잡고 시리아를 견제함.

디글랏 빌레셀 앗시리아 지도

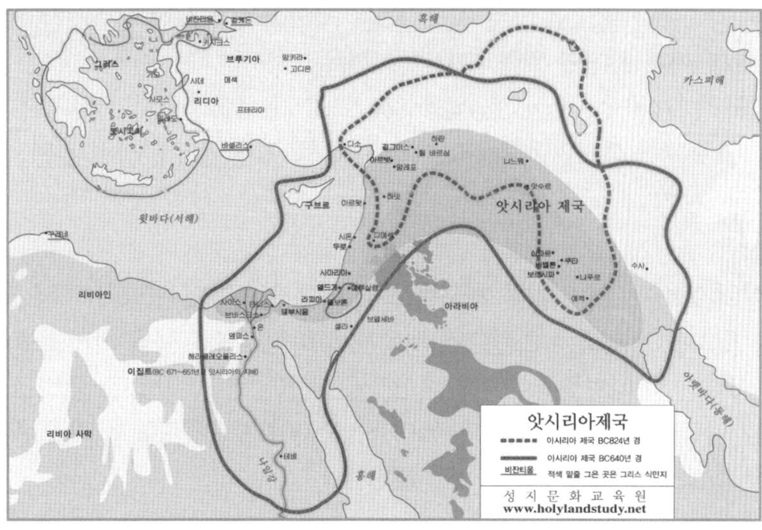

디글랏 빌레셀 3세 (Tiglath-Pileser III, BC 745-727) - 성경에는 그의 이름이 디글랏 빌레셀(왕하 15:29), 또는 불(왕하 15:19, 대하 5:26)로 나옴. 유다 왕 아하스의 요청으로 그는 시리아와 이스라엘에 쳐 들어가 시리아 왕 르신을 죽이고 이스라엘 왕 베가로부터 조공을 받음.

히스기야 지도

아하스의 아들 히스기야(716-687 BC)
사르곤 2세(BC 721-705)가 죽은 틈을 타서 앗시리아에 반기를 듬, 사르곤 2세의 아들 산헤립은 BC 701년 유다로 쳐들어옴.

하나님
산헤립 왕의 앗시리아 군대를 치심.

산헤립(BC 704-681)
패배 후 니느웨로 돌아감, 그의 아들들이 그를 죽임. 그를 이어 왕이 된 에살핫돈의 글에는 산헤립의 아들들의 모반의 배경과 장남이 아닌 자신이 아버지로부터 후계자 지명을 받았던 것이 기록되어 있음.
바빌론의 마지막 왕 나보니두 (Nabonidus, BC 556-539)와 요셉푸스 (Josephus, Antiquities 10:1:5)의 기록에도 산헤립의 살해기록이 있음.

앗시리아 왕 산헤립이 아들의 모반으로 살해된 것은 성경에도 있음(왕하 19:35-37)

오스납발(앗시리아바니팔, Ashurbanipal, BC 669-633)
오스납발은 강력했던 왕으로 많은 이방인들을 사마리아에 강제 이주시킴(에스라 4:10).
니느웨에 고대 세계 최대의 왕립 도서관을 세움.
1853년 영국인 랏삼(Hormuzd Rassam)에 의해 니느웨의 위치가 확인되고 도서관이 발굴됨. 그곳에 소장되었던 길가메스 서사시 등 많은 점토판이 발견됨.

나보폴라살
느부갓네살의 아버지, 신 바빌론 제국을 창설, BC 612년 앗시리아 제국의 수도 니느웨를 함락. 앗시리아 제국은 하란으로 이동해서 이집트의 도움을 바라며 마지막 저항을 하다가 바빌론의 나보폴라살에 의해 BC 609년에 함락. 이집트 왕(바로)이 바빌론과 전쟁하기 위해 갈그미스로 갈 때, 유다 왕 요시야가 므깃도에서 애굽 왕의 진출을 막다가 전사함(대하 35:20-24) - BC 609년

앗시리아 왕들의 목록 (Kinglist of Assyria)

신 앗시리아 시대 (Neo Assyria Period, BC 7세기)

이스라엘과 유다 역사에 관련된 앗시리아 왕들의 계보

살만에셀 3세(BC 858-824)	이스라엘왕 예후로부터 조공을 받음
삼시아다드 5세(824-810)	
BC 824 아디드니라리 3세(BC 810-782)	
살만에셀 4세(782-773)	
BC 782 앗시리아단 3세(BC 773-754)	
앗시리아니라리 5세(BC 754-745)	
디글랏 빌레셀 3세(BC 745-727)(불)	유다 왕 아하스의 요청으로 이스라엘을 침공함
살만에셀 5세(BC 727-722)	북쪽 이스라엘을 멸망시킴
사르곤 2세(BC 721-705)	이방민족을 이스라엘에 정착시킴
산헤립(BC 704-681)	히스기야 시대에 남쪽 유다를 침공함
엣살하돈(BC 681-669)	산헤립의 아들
오스납발(BC 669-633)	니느웨에 왕립 도서관을 세움

앗시리아 왕 살만에셀 3세 (BC 858-824)

이스라엘 왕 예후는 시리아를 견제하기 위해 앗시리아 왕 살만 에셀 3세에게 원조를 요청하고 많은 금을 상납했다.

이스탄불 근동 박물관

조공을 바치는 이스라엘 왕 예후

앗시리아 왕 살만에셀 3세에게 엎드려 조공을 바치는 이스라엘 왕 예후 – 대영박물관

삼시-아다드 5세 (Shamshi-Adad V, 824-810 BC)

BC 814년
니므롯(Nimrud)의 나부(Nabu)
신전에서

다섯 신의 상징 앞에서 기도, 맨 오른쪽부터, 모자 모양을 하고 있는 앗시리아 최고의 신, 앗시리아(Ashur), 원반 레코드 모양의 태양 신, 사마스(Shamash), 초승달 모양의 달의 신, 신(Sin), 천둥번개 모양의 폭풍의 신, 하다드, 별모양의 비너스는 사랑과 전쟁의 신, 이스타(Ishtar), 가슴에 십자가 모양은 태양신을 가리킨다.

힘의 균형과 평화

앗시리아는 시리아의 침략으로부터 이스라엘을 보호해 줌, 앗시리아와 시리아와 이집트의 세력이 균형, 절대 강자와 약자가 없었음, 전쟁이 끊이지 않았던 비옥한 초승달 지역에도 BC 850년에서 745년 사이에는 평온한 시대.

평화의 시기에 BC 751년 베델(Bethel)에서 아모스 선지자가 이스라엘이 곧 멸망할 것이라고 외쳤을 때 아무도 그 말을 믿지 않았음.

아모스는 남쪽 유다의 드고아(Tekoa)에서 온 가난한 목자, 엘리야처럼 그는 사회 정의를 부르짖음. 이스라엘 사회의 악과 탐욕을 바라보고 그는 하나님이 오래 참지 않으시리라고 생각함. 호세아 선지자도 아모스와 마찬가지로 이스라엘의 멸망을 예언함.

◀ **신앗시리아제국의 디글랏 빌레셀 3세**
(Tiglath-Pileser III, BC 745-727)

▲ **디글랏 빌레셀 3세 (Tiglath-Pileser III, BC 745-727)의 왕궁에 있던 부조**

손에 철퇴와 칼을 가지고 있는 앗시리아 병사들

고대 근동지역의 세력변화

요나서 파노라마

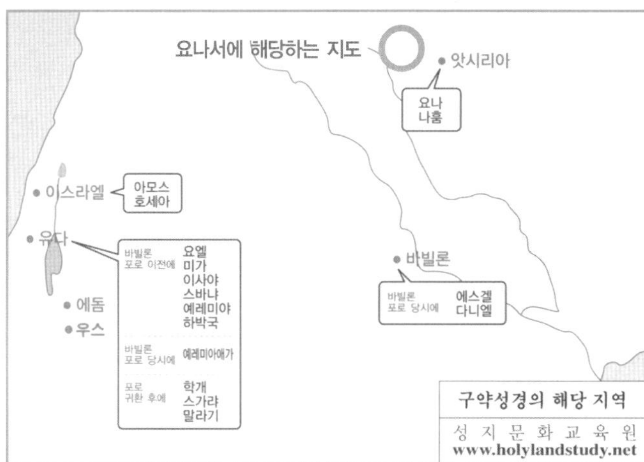

1장
요나의 도망

2장
요나의 회개

3장
니느웨로 가는 요나

4장
니느웨의 회개

요나의 예언 활동: 니느웨(BC 770 750)

앗시리아 왕 산헤립 (BC 704-681)의 기도문

산헤립은 사르곤 2세의 아들로 니느웨의 그가 섬기는 신전에서 다음과 같은 교만한 기도를 했다.

앗시리아 명판에
아카디안 언어(Akkadian Language)
큐네이폼 문자(Cuneiform)로
기록되어 있다.

(이스탄불 고내 근동 박물관 소상)

산헤립의 기도문

"산헤립, 위대한 왕, 힘있는 왕, 우주의 왕, 앗시리아의 왕, 세계 사방의 왕, 위대한 신들이 총애하는 왕, 앗시리아의 신과 여신 이스타르(Ishtar)는 나에게 무적의 무기를 주었고 앗시리아의 적의 파멸을 위해서 내 손을 여셨다. 신들의 큰 힘을 믿으면서 나는 내 군대를 지구의 한쪽 끝에서 다른 쪽 끝으로 몰아서 세상 사방의 왕궁에 거하는 모든 왕들을 내 발 밑에 복종시켰으며 그들은 나의 멍에를 메게되었다. 그때 나는 나의 왕도인 니느웨의 지경을 넓혔으며 시장거리를 충분히 넓혀서 왕의 길이 지나가게 하고 그 길이 낮처럼 빛나게 했다. 벽과 바깥벽을 공교롭게 건축해서 산처럼 높게 했다. 나는 벽을 100규빗까지 넓게 만들었다. 앞으로 왕의 길을 좁게하는 일은 없어야 할 것이다. 그러므로 내가 서로 마주보는 기둥(stele)을 세웠다.
왕도의 넓이는 내가 재어보니 파크 게이트(Park Gate)까지 52규빗이었다.
도시에 거하는 사람 중에서 누구라도 낡은 집을 헐어버리고 새집을 지으면서 그 집의 기초가 왕의 길을 침해하는 자는 그 집의 장대 위에 목을 매달아 죽게 할 것이다."

니느웨

니느웨 (Nineveh)– 지금 이라크의 모술 지역 부근

니느웨를 처음 건설한 사람은 니므롯이다(창 10:12).
'니느웨' 라는 이름 자체는 슈메르 이름이며 BC 1800년 경에 이스타(Istar) 신의 숭배장소였다. 니느웨는 아수르(Assur)와 니므롯(Nimrod)에 이어 앗시리아제국의 세 번째 수도였다.

BC 612년 메데(Medes)와 바빌론(Babylon)에 몰락했다.

산헤립 왕

여러 도시의 항복을 받고 있는 산헤립 왕 (왕하 19:9)

산헤립의 연대기를 적은 각기둥

이 각 기둥에는 앗시리아 왕 산헤립(Sennacherib, BC 705-681)의 처음 8번의 전쟁 기록을 적어 놓음. BC 701년 3번째 서쪽 원정에서 산헤립은 두로와 시돈 등 페니키아인들을 정복하고 암몬, 모압, 에돔 등으로부터 조공을 받았다.

산헤립의 자랑을 적은 연대기에도 예루살렘을 정복했다는 기록이 없다는 것은 히스기야 시대에 산헤립이 예루살렘을 정복하지 못했다는 것을 스스로 입증해 주고 있다.

앗시리아

에살핫돈(Esarhaddon) 왕

– 앗시리아(Assyria, 681~669 BC, 사 37:38, 왕하19:37)

앗시리아 왕들은 잔인하기로 유명했다. 어떤 나라를 정복하면 정복지의 왕들의 코에 갈고리를 꿰어 끌고 갔다. 앗시리아 왕들이 이렇게 잔인했기 때문에 하나님께서는 유다 히스기야 왕 때 앗시리아의 산헤립 왕이 침략하여 하나님을 모독했을 때 앗시리아 인들의 잔인한 그대로 갈고리로 코를 꿰어 오던 길로 돌아가게 하겠다고 하셨다(이사야 37:29).

왼쪽 사진은 앗시리아 산헤립의 아들 에살핫돈 왕이 오른손을 들고 그의 신을 예배하고 있으며 왼손으로는 볼모로 강제 이송되는 작은 두 왕자의 코에 갈고리를 꿰어 들고 있다. 무릎을 꿇고 있는 작은 사람은 이집트 왕자이고, 서있는 사람은 정복당한 수리아 도시의 왕자로 보인다. 쐐기 문자로 기록된 것은 에살핫돈의 전승기록들이다. 671 BC 에살핫돈 왕이 이집트 원정을 성공하고 돌아오는 장면을 새긴 부조이다.

– 베르린 버가모 박물관 소장

오스납발 (앗시리아바니팔, Ashurbanipal, BC 669–633)

오스납발은 강력했던 왕으로 많은 이방인들을 사마리아에 강제 이주시킴(에스라 4:10).

니느웨에 고대 세계 최고의 왕립 도서관을 세움.

오스납발의 생애(A tobiograph Ash rbanipal) Autobiography of Ashurbanipal)

오스납발이 어떻게 글을 읽을 줄 알게 되었고 어려운 고전을 해독했는지와 전문가들 앞에서 자신의 주관을 견지했는지를 적고 있다. 메소포타미아 왕들 중 문맹자가 많았지만 오스납발은 그렇지 않았다는 것을 나타낸 것으로 보인다.

나훔서 파노라마

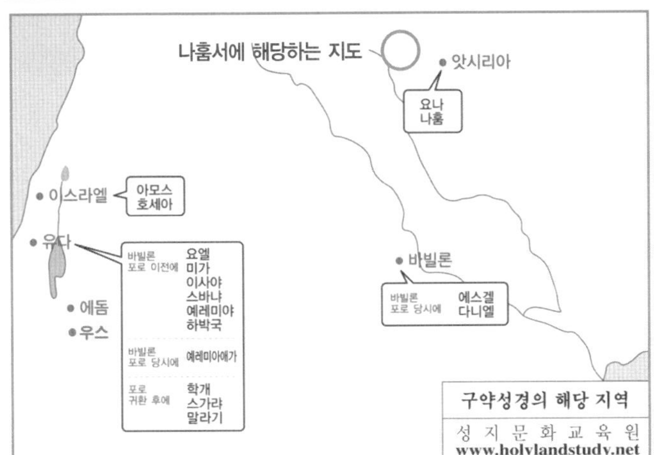

1장
니느웨에 대한 하나님의 분노

2-3장
니느웨의 멸망을 예언

나훔은 663-615 BC에 활동하던 선지자로서 앗시리아의 수도 니느웨의 멸망을 예언, 선지자 요나의 선교로 일시 회개했던 그들이 다시금 깊은 죄에 빠짐.
니느웨는 BC 612년 바빌론에 의해 멸망 당함.

앗시리아 제국시대의 내용을 정리해 봅시다.

CHAPTER 9

성서지리와 문화

신 바빌론 제국시대

동영상강의 웹사이트 : www.bestbible.org 〉멀티미디어 교육자료에서 성서지리 편

신 바빌론 제국 (BC 625-BC 539)

(신 바빌론 제국의 출발은 지금의 이라크 지방이었다)

읽을 성경 - 오바댜, 예레미야, 예레미야 애가, 하박국, 다니엘, 에스겔

바빌론 :

유다를 멸망시킴 (586 BC) - 느부갓네살

이집트 침공 (569 BC) - 느부갓네살

에돔을 멸망시킴 (553 BC) - 나보니두스

바빌론 (Babylon)

고대 메소포타미아 지방의 가장 큰 도시 중의 하나, 함무라비 왕(BC 1792-1750)이 통치하던 고대 바빌론제국의 중심도시, BC 1600년경에 히타이트(헷족속)에 의해 고대 바빌론제국은 멸망.

나보폴라살 - 신 바빌론 제국(BC 625-539)을 세움, 신 바빌론제국은 고대 근동지방을 압도, 느부갓네살 2세(BC 604-562)는 많은 원정을 통해 바빌론의 부를 쌓고 많은 건축을 해서 바빌론 도시를 고대 세계의 중심지로 만듬.

이사야와 예레미야 - 바빌론의 멸망을 예언(사 13-14, 렘 50-51),

고레스 대왕 - 메대와 바사의 군대를 이끌고 바빌론을 정복(BC 539년).

요한계시록 18장 - 바빌론을 불신앙적인 인간문화의 상징으로 봄.

오바댜서 파노라마

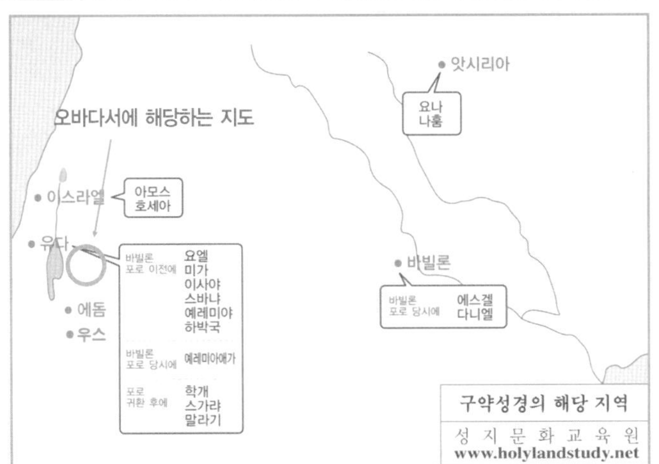

1장

에돔에 다가올 심판을 예언함

오바댜 – 에돔의 멸망을 예언, 에돔은 BC 586년 바빌론이 예루살렘을 침공했을 때, 바빌론을 지원. 그러나 바빌론의 나보니두스가 에돔을 멸망시킴(553 BC).

하박국

하박국의 무덤 – 투이사르간 (이란)

BC 586년 예루살렘의 멸망 전에 활동, 유다인들이 그들보다 더 악한 바빌론 사람들에게 고난을 받아야 하는 이유에 대해 하나님께 질문, 하나님이 바빌론을 통해 유다인들의 잘못을 벌한 뒤에 바빌론도 멸망할 것을 선언, 의인은 믿음으로 살 것이라고 함.

하박국은 바빌론 포로로 끌려갔다가 바사의 고레스 왕이 포로들을 해방시킬 때 바사(이란)로 가서 하마단(악메다)에 살다가 죽어 하마단에서 남쪽으로 90km되는 투이사르간(Tuisarkan)에 묻혔다고 한다.

하박국서 파노라마

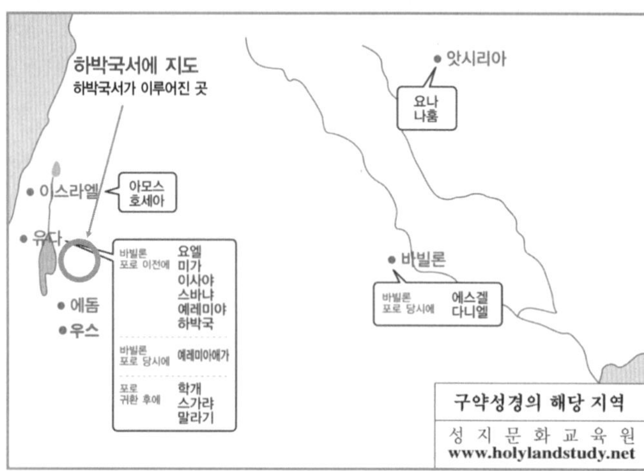

1장
하박국의 질문

2장
여호와의 대답

3장
하박국의 기도

하박국은 630-588 BC 남쪽 유다에서 활동하던 선지자이다.

예레미야서 파노라마

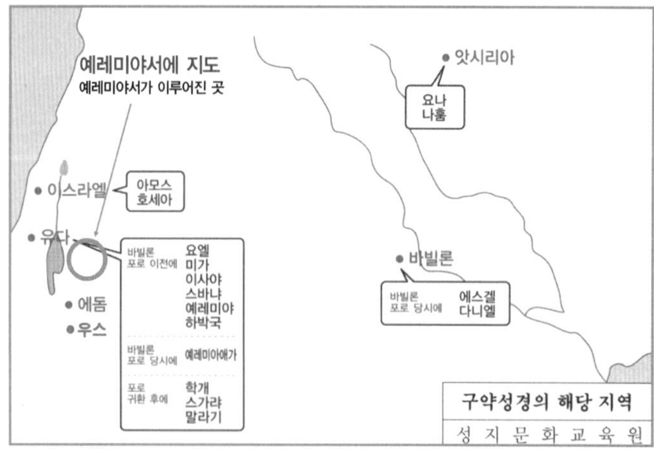

예레미야는 627-580 BC 남쪽 유다에서 활동
(요시아, 여호야 김, 여호야 긴, 시드기야 왕 때)

1장: 예레미야를 선지자로 부르심
2-29장: 범죄한 이스라엘과 유다에 대한 하나님의 심판 (포로생활)
30-33장: 이스라엘과 유다의 회복 약속
34장: 시드기야에 대한 경고
35장: 조상의 명령을 따른 레갑 자손들
36장: 예레미야의 예언이 기록된 두루마리를 칼로 잘라서 왕이 불에 태움
37장: 궁중 감옥에 갇힌 예레미야
38장: 바빌론에 항복할 것을 권한 예레미야
39장: 예루살렘의 함락과 예레미야의 석방
40장: 그달랴와 함께 예루살렘에 머물게된 예레미야
41-43장: 그달랴의 살해와 이집트로 끌려간 예레미야
44장: 우상 숭배로 인한 재앙
45장: 바룩에 대한 하나님의 말씀
46-51장: 이방 민족들에 대한 심판
52장: 예루살렘의 함락

노(테베)의 아몬 신 – 카이로에서 남쪽 726km 떨어진 테베(Thebes), 룩소와 카르낙이 있는 자리, 세계에서 가장 큰 아몬 신전 터가 있으며, 신전 벽에는 이집트 왕들의 전승기록들 성경에 나오는 시삭 왕이 BC 925년 유다와 이스라엘을 원정한 기록도 있음(왕상 14:25-26, 대하 12:2-9).

해가지는 나일강 서쪽 – 왕들의 무덤이 있음, 하셉수트 여왕(BC 1479-1457)의 신전, 라암세스 3세의 신전 벽에는 바다 사람들(Sea People)에 대한 전승기록이 있음. 이 바다 사람들 중의 일부가 가나안 땅에 정착한 블레셋 사람들임.

나훔서 3:8-10 – BC 663년경 앗시리아(앗시리아)의 테베침략을 기록, 예레미야와 에스겔은 이방신의 도시 테베에 대한 심판을 예언, 그들이 바빌론 왕 느부갓네살의 손에 넘겨질 것을 예언(렘 46:25-26, 겔 30:10-19). BC 569년 느부갓네살이 이집트를 침공, BC 525년 페르시아의 캄비세스와 BC 342년 아닥사스다 3세도 이 도시를 함락시킴.

Archaeological Study Bible, Zondervan, p. 1354 참조

하늘의 여왕 (Queen of Heaven)

하늘의 여왕(렘 7:18, 44:17-19, 25)에 해당하는 고대 근동 여신들:

아낫(Anat) – 이집트 여신,

아스다롯(Astarte) – 가나안 여신,

이스타(Ishtar) – 메소포타미아 여신

천체의 비너스(Venus) 숭배와 연관됨, 천체숭배는 기원전 7세기 (유다 왕 므낫세 시대)에 성행(왕하 21:3, 11).

BC 586년 예루살렘의 멸망 후 이집트로 피난 갔던 유대인들은 하늘의 여왕을 풍요의 신(fertility goddess)으로 생각(렘 44:17-18).

Archaeological Study Bible, Zondervan, p. 1354 참조

고대 바빌론제국

아모리 족속, BC 19세기 아라비아 사막에서 메소포타미아로 침략, 슈메르인들(Sumerians)과 아카디언들(Akkadians)을 점령, 바빌론 도시를 수도로 바빌론 제국을 세움. 함무라비 왕(Hammurabi)과 그의 아들 (Samsu Iluna) 때 전성기, 히타이트(Hittites, 헷 족속) 등의 침입으로 쇠퇴.

신 바빌론제국

느부갓네살의 아버지 나보폴라살이 세움, BC 612년 앗시리아제국의 수도 니느웨를 멸망시킴. 앗시리아제국은 하란으로 도망가서 이집트의 도움을 받으면서 재기를 노렸지만, 바빌론의 나보폴라살 왕은 BC 609년 유다 왕 요시야 때 갈그미스 전투에서 앗시리아를 도우려고 진출했던 이집트 왕 느고를 물리치고 이 지역의 패권을 장악.

느부갓네살 시대 바빌론의 모형

느부갓네살 (Nebuchadnezzar)

BC 605년부터 BC 562년까지 바빌론을 다스림. 구약성경에만 그의 이름이 90회 나올 정도로 이방 왕들 가운데는 성경에 가장 많이 등장. 지구랏(Ziggurat)과 이스타 문(Ishtar Gate)과 공중정원(Hanging Garden)을 건설. 두라 평원에 금신상을 세움.

BC 605년 – 다니엘 등을 포로로 잡아감.

BC 598년 – 여호야김 왕을 쇠사슬로 결박하여 바빌론에 포로로 잡아감. (대하 36:5-8)

BC 597년 – 여호야긴 왕과 유다 지도자들을 바빌론에 포로로 잡아감. (왕하 24:15-17)

BC 586년 – 예루살렘을 함락시키고 성전을 파괴하고 사람들을 포로로 잡아감.

BC 582년 – 예루살렘을 침공하여 사람들을 포로로 잡아감.(렘 52:29-30)

바빌론에 포로간 유다인들

1. **정치적 집단이 아니라 종교적 집단으로 뭉침.**
2. **회당을 지어 성경을 공부.**
3. **포로로 간 에스겔의 격려. 예레미야의 편지와 권면(렘 29장)**

바빌론 포로에 해당되는 성경

왕하 22-25장,

나훔 1 3장 1-3장,

스바냐 1-3장,

하박국 1-3장,

예레미야 1-52장, ,

예레미야애가 1-5장,

시편 137편,

다니엘

에스겔 1-48장,

이사야 40-55장

예레미야서 애가서 파노라마

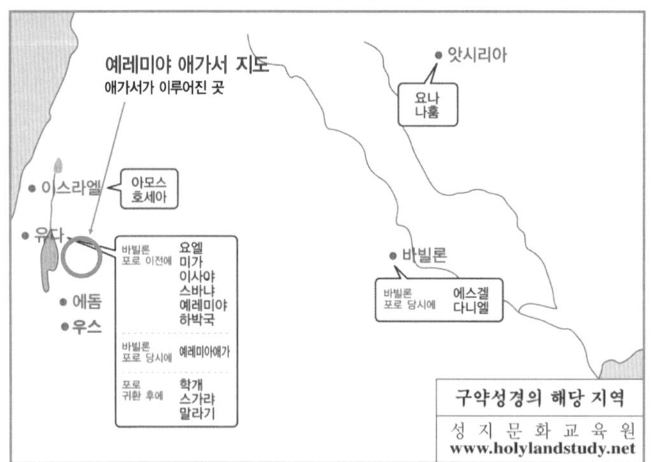

1장
멸망 당한 예루살렘의 슬픔

2장
예루살렘에 임한 여호와의 분노

3장
형벌과 회개와 희망

4장
함락후의 예루살렘 상태

5장
자비를 구하는 기도

애가는 바빌론포로(BC 586년) 직후에 예레미야가 예루살렘에서 기록했다.

개역판과 개역개정판 성경 번역의 오류

왕하 23:29에서 "요시야 당시에 애굽의 왕 바로 느고가 앗시리아 왕을 치고자 하여….. " 라는 말이 있다. 여기서 "치고자"는 잘못된 번역이며 "돕고 자"로 번역해야 한다.

NIV에서는 "Pharaoh Neco king of Egypt went up to the Euphrates River to help the king of Assyria."로 "to help"로 번역되어 있다.
TEV와 CEV에서도 ' to help '로 번역되어 있다.

이 당시 앗시리아는 바빌론과 갈그미스에서 전투를 하고 있었으며 이집트 왕 느고는 바빌론에 대적해서 앗시리아를 돕기 위해 출병했던 것이다(BC 609년).
이 전투에서 앗시리아가 바빌론에 패전하고 역사의 무대에서 사라졌다.

갈그미스 (Carchemish)

갈그미스는 바빌론과 이집트 간에 전투가 벌어졌던 곳. 오늘 터키와 시리아의 국경에 위치,
갈그미스 전투(BC 605년)에서 바빌론 왕(느부갓네살, Nebuchadnezzar)이 이집트 왕(느고, Necho)을 무찌르고 유다까지 쳐 들어가서 다니엘 등 유다 지도자들을 바빌론으로 끌고 갔다(단 1:1-7).

다니엘서 파노라마

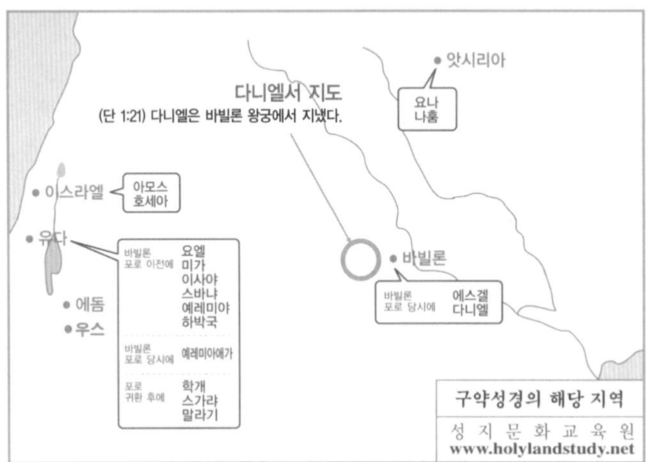

다니엘서는 BC 605년에서 530년 사이에 바빌론에서 다니엘에 의해 기록되었다.

1장
다니엘과 세 친구의 바빌론 포로

2장
느부갓네살 왕의 첫 번째 꿈

3장
느부갓네살 왕이 세운 금 신상

4장
느부갓네살 왕의 두 번째 꿈

5장
벨사살 왕의 잔치와 바빌론의 종말

6장
사자굴에 던져진 다니엘

7-11장
장차 일어날 나라들(그리스, 시리아, 이집트, 로마 등)에 대하여 다니엘이 받은 환상

12장
마지막 때에 관한 예언

바빌론 이스타르문의 모형

이스타르 문에 있던 짐승들

바빌론의 복합짐승(용)

바빌론의 느부갓네살 왕의 궁전문 (이슈타 문)에 있던 복합 짐승이다. 용의 머리, 뱀의 피부, 사자의 앞발, 독수리의 뒷발을 가졌다.

바빌론의 황소

바빌론의 느부갓네살 왕의 궁전문 (이슈타 문)에 있던 황소부조이다.

느부갓네살의 벽돌 (BC 6세기) - 높이 35cm

고대 바빌론에서 통치자들은 중요한 건물에 사용될 벽돌을 구울 때, 그들의 이름을 새겨 둠.
후대 중요한 단서 제공.

벽돌에 새겨진 글은 다음과 같다.

'느부갓네살(Nebuchadnezzar), 바빌론 왕, 바빌론에 있는 신전 에사길라(Esagila)와 에지다(Ezida)를 지키는 자, 바빌론 왕, 나보폴라살(Nabopolassar)의 장남.'

느부갓네살의 원통

바빌론의 유적지에서 발견, 느부갓네살 왕(BC 605-562)이 바빌론에 지은 세 궁전에 대해 기록하고 있다.

신 바빌론 제국의 멸망

신 바빌론제국

1세기도 못되어 멸망함(625-539 BC).

느부갓네살 왕

43년간(BC 605-BC 562년) 통치.

벨사살 왕

예루살렘에서 가져온 성전 기명으로 술을 마시다가 멸망(BC 539년).

벨사살 왕은 나보니두스의 아들로 나보니두스와 공동 통치를 함.

신 바빌론제국의 멸망

메네, 메네, 데겔 우바르신

"MENE, MENE, TEKEL PERES UPHARSIN"

메네, 메네, 데겔 우바르신의 해석

"기록된 글자는 이것이니 곧 메네 메네 데겔 우바르신이라 글을 해석하건대 메네는 하나님이 이미 왕의 나라의 시대를 세어서 그것을 끝나게 하셨다 함이요 데겔은 왕을 저울에 달아보니 부족함이 보였다 함이요 베레스는 왕의 나라가 나뉘어서 메대와 바사 사람에게 준비되었다 함이니이다 하니" (단 5:25-28)

황폐한 무더기가 된 바빌론

바빌론이 돌무더기가 되어서 승냥이의 거처와 혐오의 대상과 탄식 거리가 되고 주민이 없으리라 (렘 51: 37)

나보니두스

신바빌론 제국의 왕 나보니두스 (Nabonidus, BC 555-539)

나보니두스 왕은 다니엘서에 나오는 벨사살 왕의 아버지이다.

나보니두스의 실린더

자신이 섬기던 여러 신들을 위해 왕이 행한 일들을 적어 놓았다. 느부갓네살이 수리아 - 팔레스틴으로 그의 군대를 이끌고 가서 예루살렘을 포위하고 점령했다는 기록이 있다. - 우르(Ur, BC 6세기)

나보니두스의 석비

나보니두스의 종교활동을 기록한 석비

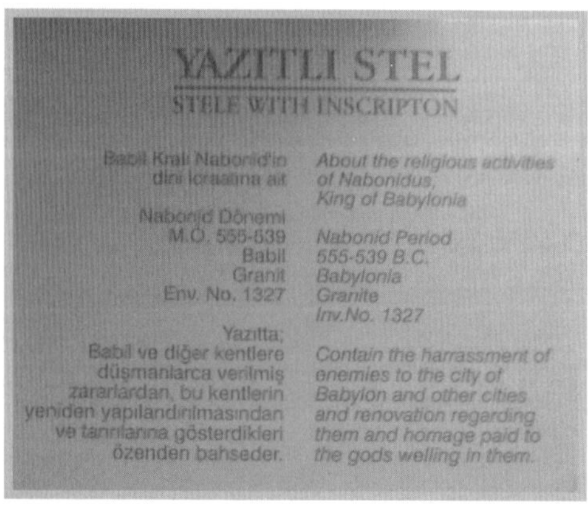

메 대 - 바빌로니아 왕국

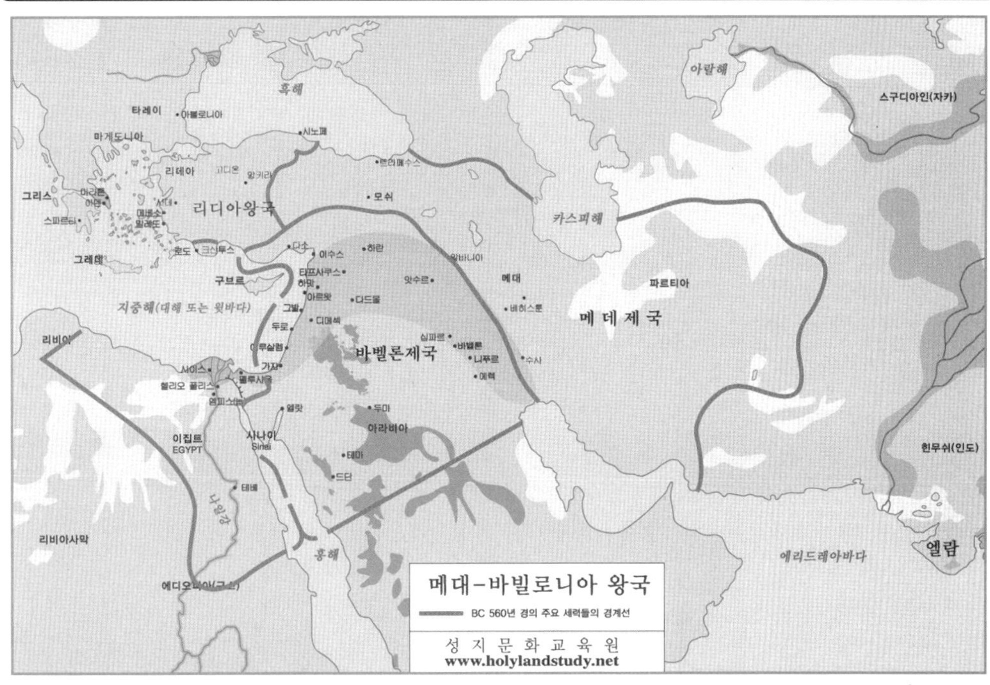

에스겔서 파노라마

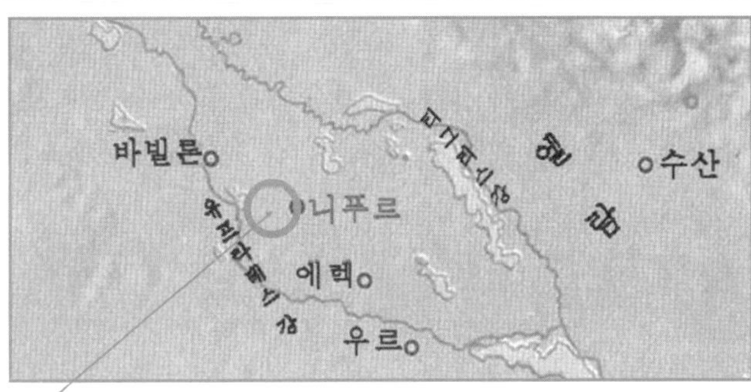

에스겔서 지도

바빌론에 포로로 갔던 유다인들은 그발 강(the Chebar River) 가에 있는 니푸르(Nipur)라고도 불리는 델 아빕(Tel Abib)에 살고 었다. (단 3:15)

1장
에스겔의 첫 번째 환상

2-3장
에스겔이 예언자로 부름 받음

4-24장
예루실렘의 멸망과 우상 숭배자들에 대한 심판을 예언함

25-32장
열방에 대한 심판을 예언함

33-37장
하나님의 백성들에 대한 하나님의 약속

38-39장
곡에 대한 예언

40-48장
미래의 성전과 가나안 땅의 분배

에스겔은 바빌론 포로기간 중 선지자로 부름 받았으며 에스겔서를 기록함.

신 바빌론 제국시대의 내용을 정리해 봅시다.

CHAPTER 10

성서지리와 문화

페르시아 제국시대

동영상강의 웹사이트 : www.bestbible.org 〉 멀티미디어 교육자료에서 성서지리 편

페르시아(바사) 제국 이야기 (BC 539-BC 333)

(페르시아의 출발은 지금의 이란 지방이었다)

읽을 성경 - 에스라, 느헤미야, 에스더, 학개, 스가랴, 말라기

고레스 – BC 550년 메대 정복, BC 539년 바빌론 정복.
BC 537년 유다인 포로들 석방, 고국으로 보냄.

이사야 – BC 8세기 고레스가 태어나기도 전에 예언함(사 45:1-4).

고레스

고레스 (Cyrus, 559~530 BC)

Achaemenid 왕조의 창설자로
초대 바사(페르시아)의 왕

고레스의 원통

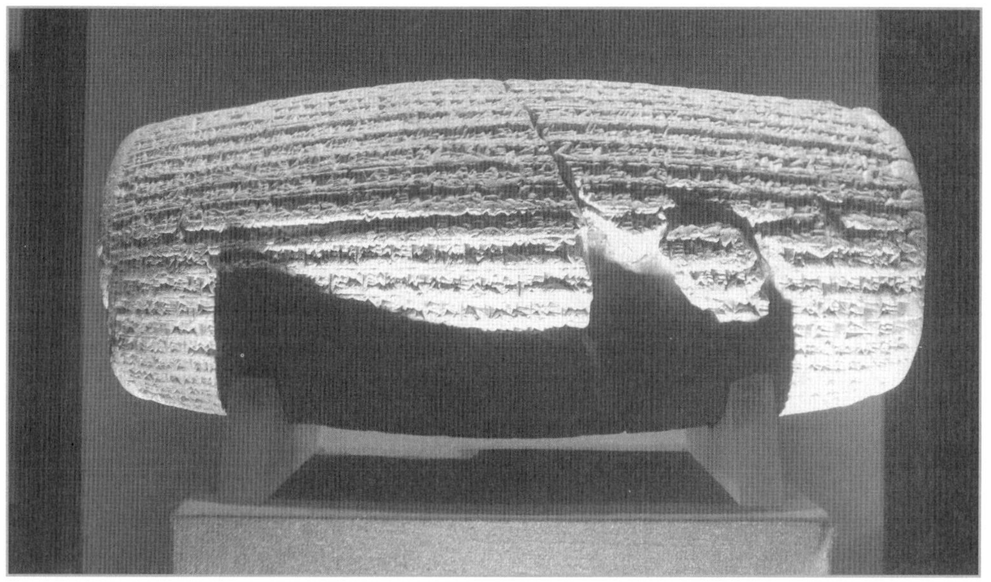

고레스 왕이 흙으로 구워 만든 원통 (Clay Cylinder) 세계최초의 인권헌장, 대영박물관 소장

사데의 금 제련소 (사 45:3)

이사야 45:3에 하나님께서 은밀한 보화를 고레스 왕에게 주겠다는 것은 사데의 금을 가리킨 것으로 보인다. 고레스는 BC 546년 사데를 멸망시키고 금을 차지했다.

고레스 왕의 궁전 터

이란의 파사르가데

고레스의 무덤

이란의 파사르가데

바빌론 포로에서 귀환

포로 귀환	1차 귀환	2차 귀환	3차 귀환
성경구절	에스라 1-6	에스라 7-10	느헤미야 1-13
귀환 연대	BC 537 (느부갓네살이 BC 605년 처음 유다의 포로를 잡아간지 약 70년 만의 귀환)	BC 458 (1월1일에 바빌론을 떠나 5월 1일에 예루살렘 도착)	BC 445
지도자	세스바살, 스룹바벨, 예수아	에스라	느헤미야
바사 왕	고레스	아닥사스다 1세	아닥사스다 1세
칙령 내용	지원자는 누구나 귀환 가능, 국고지원, 성전재건, 성전기명 돌려줌	지원자는 누구나 귀환 가능, 국고지원	성벽재건허용
귀환자 수	49,897명 (스 2:65, 느 7장)	에스라 8장에 있음	알 수 없음
비 고	성전공사 시작됨, 사마리아인의 방해로 520년까지 중단, BC 516년 다리오 1세 때 완공	이방인의 풍습을 좇고 이방여자들과 결혼 (에스라 9-10장)	산발랏 등의 반대에도 성벽이 재건되고 율법이 낭독됨(BC 443)

귀환 경로와 시기

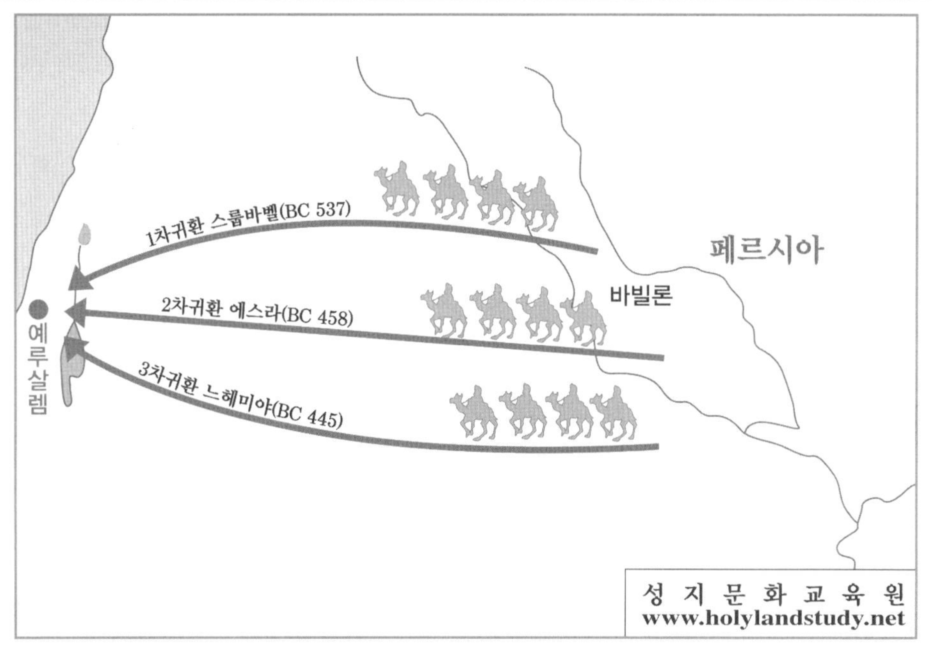

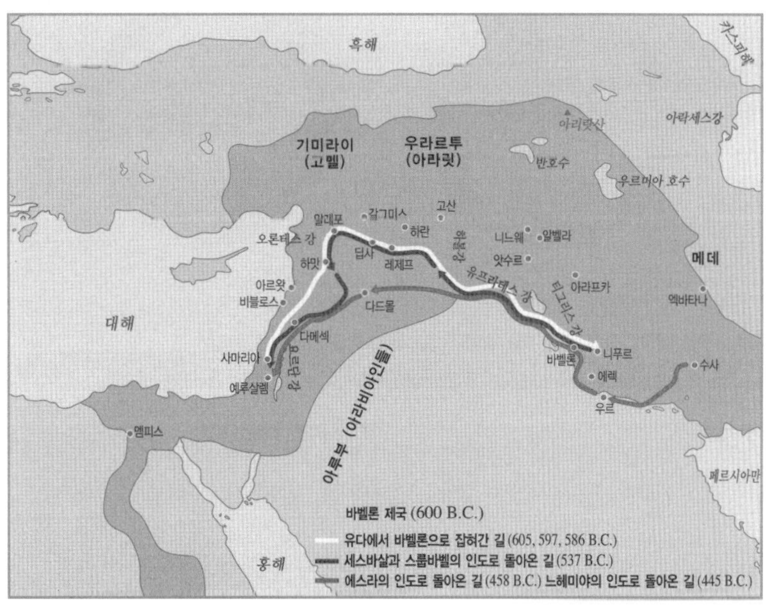

에스라는 돌아와서 역대상. 하를 기록함 – 북쪽 이스라엘에 대한 언급이 없음

70년간의 바빌론 포로 (렘 25:11, 29:10)

예레미야 25:11

'70년 동안 바빌론의 왕을 섬길 것이라'는 말이 있다.

유다의 바빌론 포로는 BC 605년 유다의 여호야김 왕 3년에 다니엘이 바빌론에 포로로 잡혀갔을 때(단 1:1-7)부터 BC 537년 바사(페르시아)의 고레스 왕 때 바빌론 포로에서 1차 귀환할 때까지 68년의 기간을 말한다.

포로에서 돌아와서 했던 일 3가지

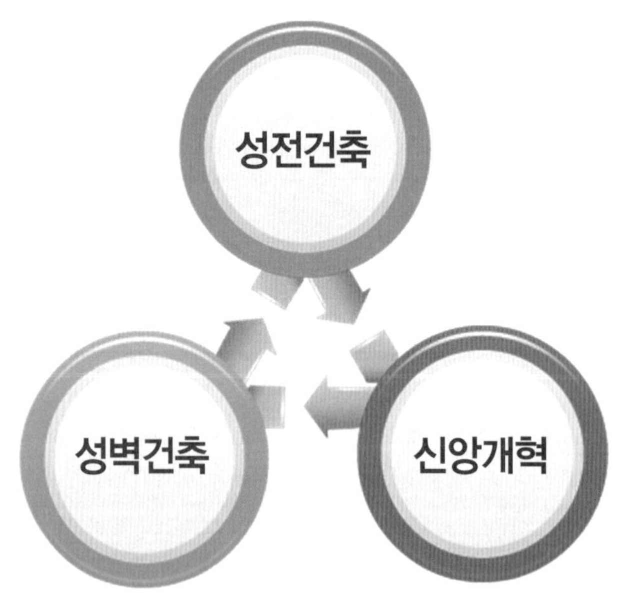

예루살렘 성전, 성벽 건축, 신앙개혁에 해당되는 성경

에스라 1-10장

에스더

느헤미야 1-13장

학개 1-2장

스가랴 1-8장

요엘, 말라기

이사야 56-66장

예루살렘 성전 건축 (세스바살과 스룹바벨) - (에스라 3-6장)

유다 땅에 돌아온 유다인들이 환영을 받지 못함,
그 땅에는 사마리아인, 에돔인, 모압인, 암몬인, 아랍인들이 거주,
그들의 방해로 성전건축이 중단됨(스 4:6-24).

BC 520년 학개와 스가랴의 예언으로 성전건축이 다시 시작,
BC 516년 페르시아의 다리오 1세 때 성전이 완공(에스라 6:15) .

자금의 일부는 바사(페르시아)국고, 일부는 유다인들이 조달.

악메다(엑바타나) 궁전의 방들

다리오 왕이 고레스 왕의 칙령을 발견한 곳(2007. 2. 25. 현장에서 촬영)

다리오 왕 부조

다리오 왕이 왕좌에 앉아서 오른손에 왕의 홀을 쥐고 있으며 왼손에는 잎이 두 개 달린 꽃(우수를 잊게 하는)을 쥐고 있다.
왕복에 줄무늬가 선명하다.

… 바사 왕 고레스와 다리오와 아닥사스다의 조서를 따라 성전을 건축하며 일을 끝내되 다리오 왕 제육년 아달월 삼일에 성전 일을 끝내니라(스 6:14~15)

◀이란의 테헤란 박물관 소장

놀라우신 하나님

페르시아의 황제들 - 조로아스트교를 신봉, 그러나 하나님의 전 건축에 협조.

하나님 - 이방 왕들을 통해서도 자신의 일을 해 나가심.

조로아스트교의 신 아후라 마즈다의 상
이란, 야즈드에 있는 배화교 사원에서

조로아스트
이란, 야즈드에 있는 배화교 사원에서

학개서 파노라마

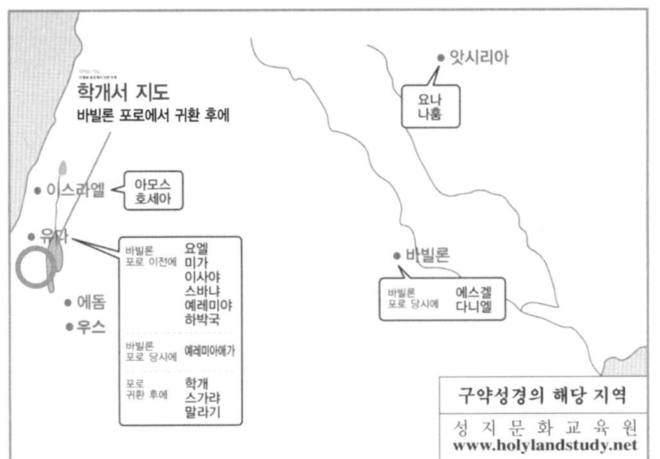

1장
성전을 지으라는
하나님의 명령

2장
하나님의 약속

학개(520-480 BC)는 페르시아시대 남쪽 유다에서 활동하던 선지자이다.

스가랴서 파노라마

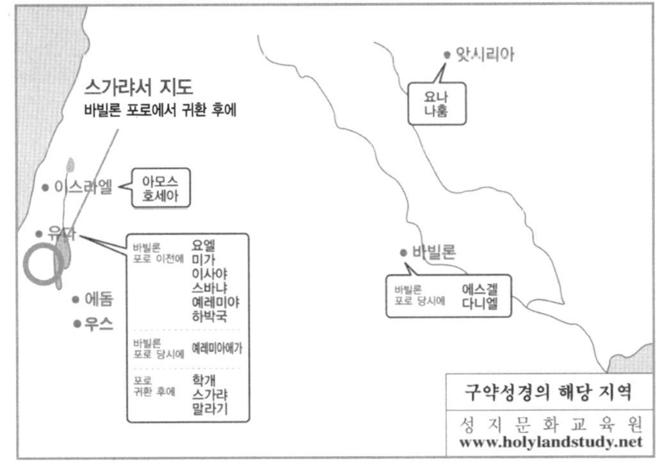

1-7장
스가랴에게 임한 예언과 환상

8장
예루살렘에 대한 하나님의
축복 약속

9장
이스라엘 인접국들에 대한
심판과 앞으로 강림할
시온의 왕(메시아)

10-13장
유다와 이스라엘의 회복

14장
여호와께서 강림하실 날

스가랴(520-480 BC)는 페르시아시대 남쪽 유다에서 활동하던 선지자이다.

에스더서 파노라마

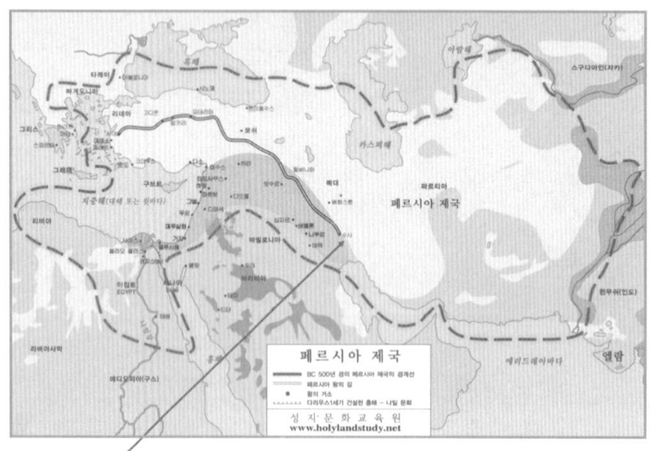

에스더서의 지도

에스더서의 내용 – 유다인들이 바빌론 포로에서 1차 귀환(고레스 왕 때)과 2차 귀환(아닥사스다 1세 때) 사이에 페르시아의 수산성에서 이루어졌다.

1장
황후 와스디의 폐위

2장
에스더가 새 황후가 됨

3장
하만의 유다인 전멸 음모

4-8장
에스더와 모르드개가 유다인을 구함

9장
부림절

10장
국무총리가 된 모르드개

아하수에로 왕

아하수에로 (Ahasuerus, Xerxes, 486-465 BC)

아하수에로 왕을 크세르크세스라고 한다. 그리스와의 전쟁에서 아테네까지 점령했으나 아테네 앞의 Salamis 바다에서 패전했다. 사진은 아하수에로 왕이 금홀을 쥐고 있고 시종들이 우산과 파리채를 들고 있다.

◀이란의 페르세 폴리스 앞에있는 낙쉐로스탐

에스더와 모르드개의 무덤

에스더와 모르드개의 무덤이 페르시아 제국의 여름궁전이 있었던 이란의 악메다 (엑바타나, 지금의 하마단) 가까운 곳에 있다.

다리오 왕 때 5개의 주요 도시 – 파사르가데
수산(수사)
악메다(엑바타나, 지금의 하마단)
페르세폴리스
바빌론

아하수에로(Ahasuerus, Xerxes) – 수산 궁에서 왕이 됨

인도에서 에티오피아까지 127도를 다스림.
다리오 왕과 아하수에로 왕때가 바사(페르시아)제국의 최 전성기.

수산궁 모형

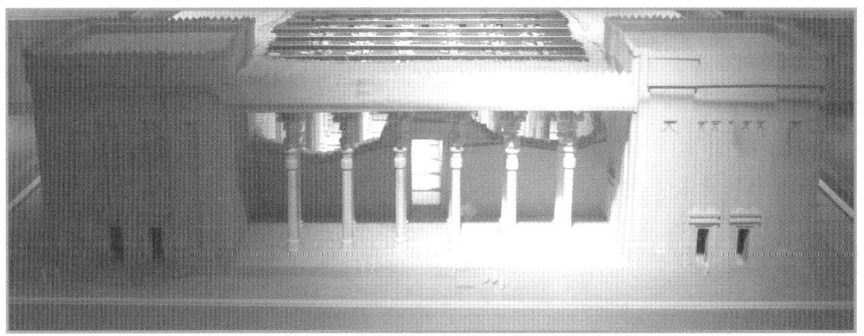

페르시아 제국의 지도

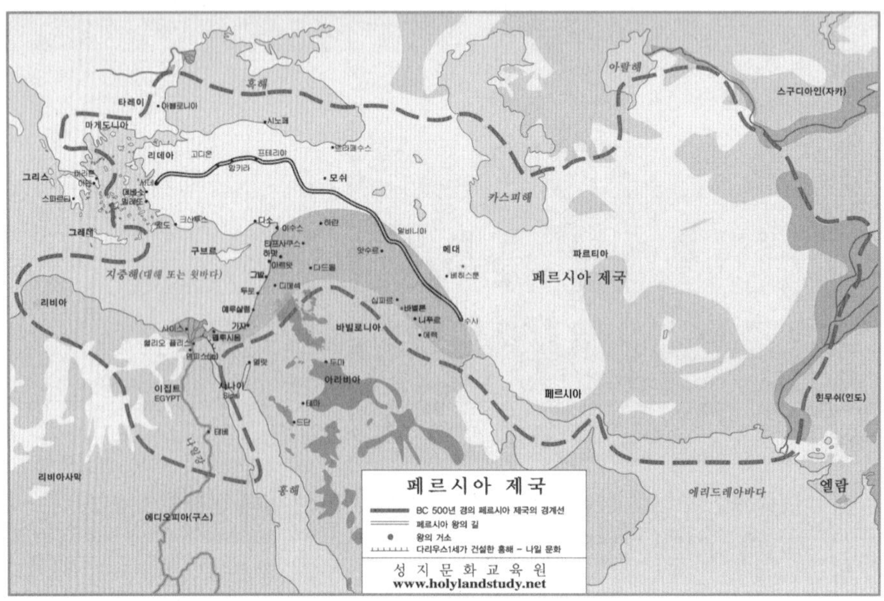

소아시아를 다 지배하고 그리스를 침공

메데와 페르시아 왕들의 연대기

메데 왕	비 고
다리오 (BC 539-538)	메데인으로 벨사살을 죽이고 왕이 됨(단 5:31). 다니엘을 사자굴에 던졌던 왕
페르시아 왕	**비 고**
고레스 (Cyrus, BC 538-530)	바빌론을 정복하기 전 BC 559년에 페르시아의 왕이 되었으나 메데 왕 다리오가 죽은 후 BC 538년에 새롭게 왕으로 등장한다. 이때를 바사(페르시아) 왕 고레스 제 1년으로 말한다(스 1:1-4:5). 스룹바벨과 세스바살의 귀환 (성전건축을 시작하고 지원함)
캄비세스 (Xerxes, 아하수에로, BC 529-521)	예루살렘 주변 사람들로부터 성전건축중단을 위한 편지 받음(스 4:6)
아닥사스다 (Artaxerxes, BC 521)	예루살렘 성전건축을 중단시킴 (스 4:7-24)
다리오 1세 (BC 521-485)	BC 516년 예루살렘 성전을 완공시킴 (마라톤전투에서 패배)
크세르크세스(아하수에로, BC 485-464)	에스더의 남편 아하수에로 (살라미스 해전에서 패배)
아닥사스다 1세 (Artaxerxes, BC 464-423)	율법학자 에스라의 귀환(스 7:1-27), 느헤미야가 귀환하여 예루살렘 성벽재건을 지원함(느헤미야 2:1-20)
다리오 2세 (BC 423-404)	펠로폰네소스 전쟁 시기
아닥사스다 2세 (BC 404-359)	소크라테스와 그리스 철학자 시대
아닥사스다 3세 (BC 359-338)	
아르세스 (BC 338-335)	
다리오 3세 (BC 335-331)	BC 330년 알렉산더 대왕에게 망함

* 회색 글자로 된 왕들이 성경에 나오는 왕들임

페르세폴리스에 있는 다리오 1세의 왕궁

페르세폴리스는 다리오 1세와 그의 아들 아하수에로 왕(크세르 크세스)에 걸쳐 30년간 건설되었다. 그러나 이 왕궁은 그 후로도 150여 년간 계속 건설되었다고 한다.

페르세폴리스의 신전 부조

황소자리는 가고 사자 자리가 온다는 뜻의 신년 부조

신년을 알리던 나팔

신년을 알리던 나팔 – 페르세폴리스

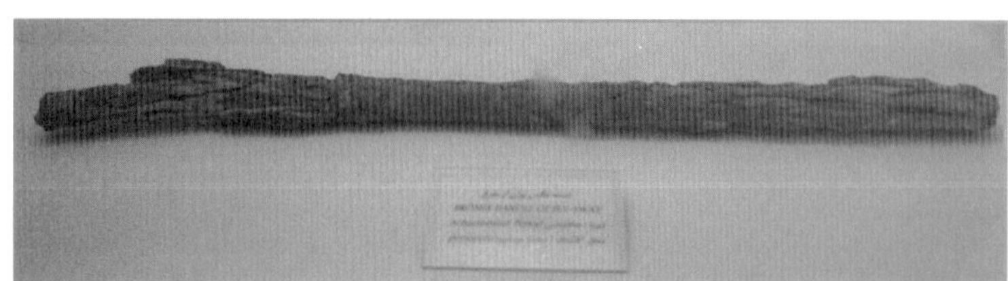

박물관에 있는 파리채

알렉산더 대왕의 침입으로 불탄 왕궁의 물건
불은 아하수에로 왕궁에서 시작되었음

왕권의 교체 기록

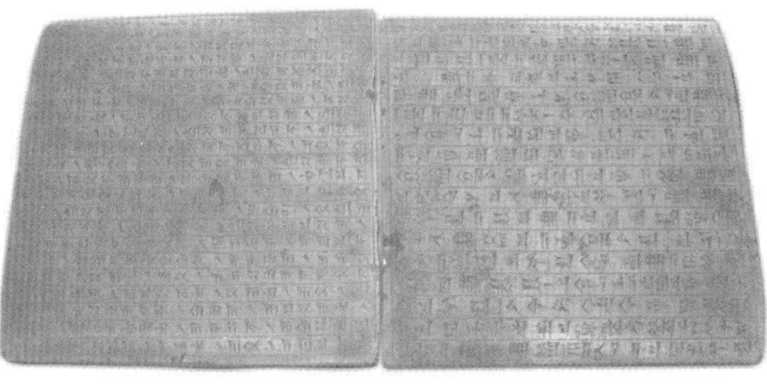

크세르크세스의 왕권교체 기록

쐐기 문자로 기록된 다리오 왕의 아들 아하수에로가 왕권을 물려받은 것에 대한 기록 – 페르세폴리스에서 발견

쐐기문자에 대한 영어 번역

1-8줄: 아후라마즈다(Ahuramazda)는 아하수에로를 창조한 하나님

8-15줄: 나는 왕들 중의 위대한 왕이다.

15-27줄: 나의 아버지는 다리오(Darius)이며, 다리오의 아버지는 히스타스페스(Hystaspes)이며, 히스타스페스의 아버지는 알사메스(Arsames)이며, …

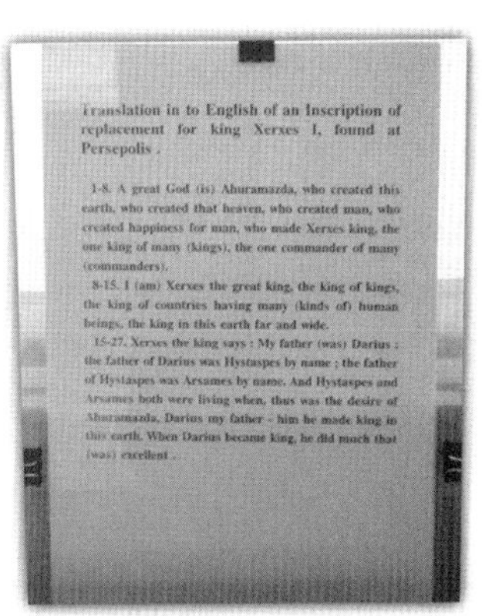

페르시아 병사들

페르시아 왕 다리오 1세 때(BC 521-486)

창을 든 궁전 수비대의 모습
(Glazed brick panel) – 수산성

왕의 길 (King's road)

사데에서 페르시아의 수도 수사(Susa)까지 이어지는 왕의 길, 약 3,000km,
다리오 1세가 건설. 그리스 원정에서 마라톤 전투에서 패함.
크세르크세스 1세도 BC 480년 이 길을 지나 그리스 정복에 나섬. 살라미스 해전에서 패함.

지도로 본 왕의 길

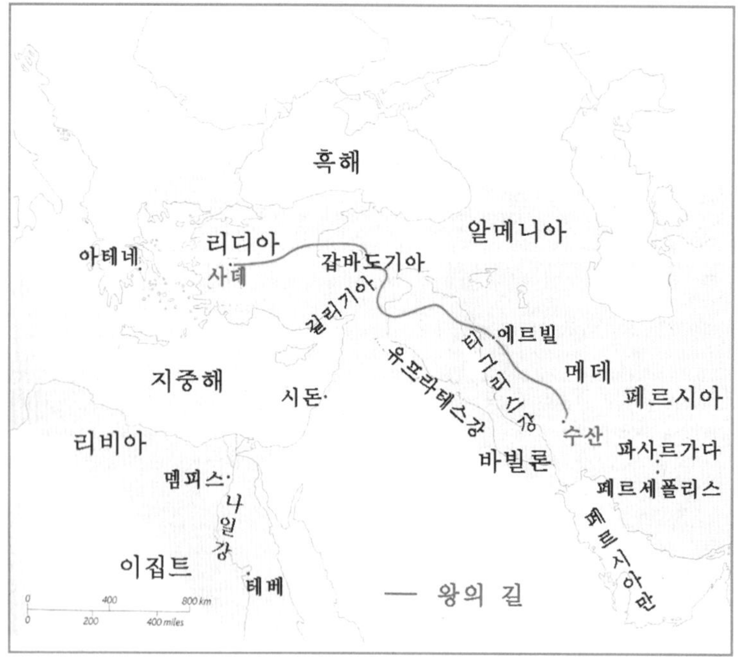

페르시아의 그리스 본토 전쟁 패배

다리오 1세 – 마라톤(Marathon) 전쟁 (BC 490년)에서 패함

크세르크세스 1세 – 살라미스(Salamis) 전쟁 (BC 480년)에서 패함

마르도니우스 – 프라테아(Plataea) 전쟁 (BC 479년)에서 패함

예루살렘 신앙개혁운동

(에스라 7-10장, 느헤미야 8-9장)

에스라(458-440 BC)

학자, 제사장, 페르시아 왕(아닥사스다 1세)의 허락으로 예루살렘 방문, 백성들에게 모세 오경을 낭독, 백성들을 깨우침, 믿음을 순수하게 지키고, 이방인과의 혼인을 금함.

요엘 – 제사장들의 생활개혁을 강조함.

말라기 – 이방 민족들이 하나님을 높이고 섬길 것을 예언(말 1:11).
앞으로 메시아의 길을 준비할 사자가 먼저 오고 그 후에 메시아가 오실 것을 예언(말 3:1). 하나님을 두려워하고 고아와 과부와 외국인을 억압하지 말라고 함(말 3:5).

에스라서 파노라마

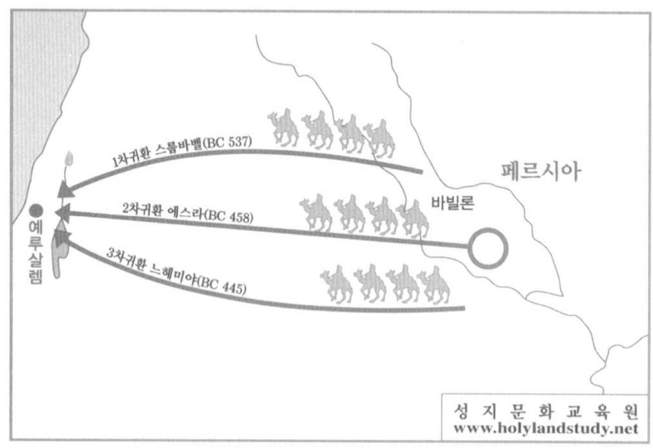

1-3장
1차 귀환과 성전재건

4장
성전재건의 방해

5-6장
성전재건과 완성

7-8장
2차 귀환 (에스라)

9-10장
이방민족들과의 결혼문제

에스라는 BC 458-440에 활동하던 학자요 선지자이다.

금 술잔 (느헤미야 1:1-7:7)

페르시아의 왕들이 마시던 금 술잔

페르시아에서 아닥사스다 왕에게 술을 따라 주는 관직을 하고 있었던(느 2:1) 느헤미야가 페르시아 왕의 허가를 받고 예루살렘으로 돌아와 성벽건축을 마침. (BC 445-443)

도비야

제 2성전 건축을 방해한 암몬 사람
도비야의 이름이 새겨진 동굴외벽

느헤미야서 파노라마

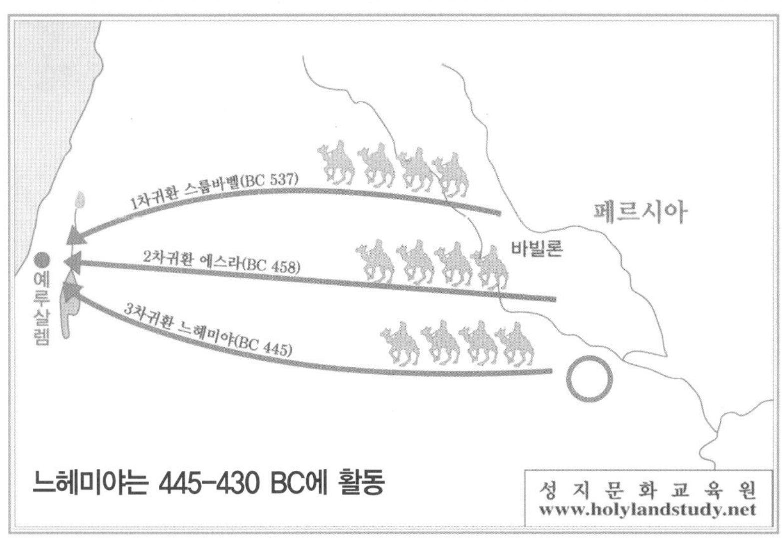

느헤미야서 지도

느헤미야는 3차 귀환 때 예루살렘에 가서 성벽을 재건했다.

왕들의 무덤

다리오 왕의 무덤(우)과 아닥사스다 왕의 무덤(좌)

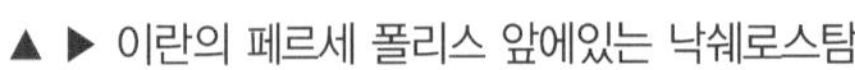

▲ ▶ 이란의 페르세 폴리스 앞에있는 낙쉐로스탐

아하수에로
(Xerxes, 에스더의 남편)의 무덤

포로귀환과 유대주의(Judaism)의 발전

이스라엘 땅에 남아 있었던 땅의 백성들(암 하레츠)은 대부분 무식한 하층계급들, 종교적 전통을 제대로 이어가지 못했음.

에스라, 느헤미야 등 바빌론 포로에서 돌아온 사람들은 지식인들, 예루살렘 성전과 성벽을 건축, 유대주의를 발전시킴. 이들의 후예가 산헤드린을 구성함.

느헤미야가 쌓은 성벽

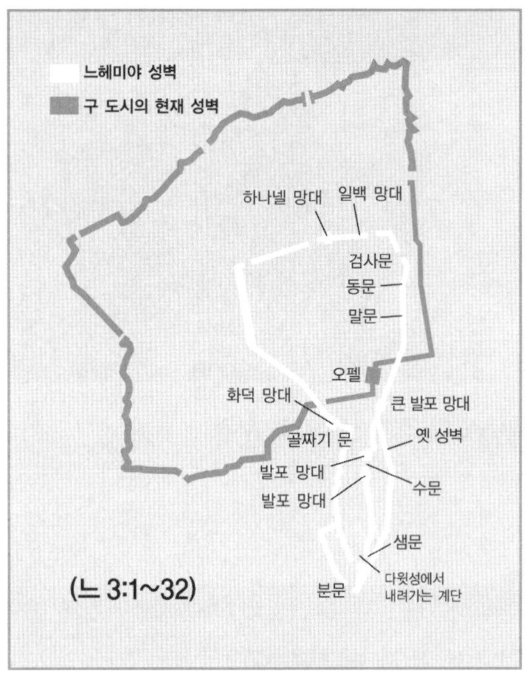

말라기서 파노라마

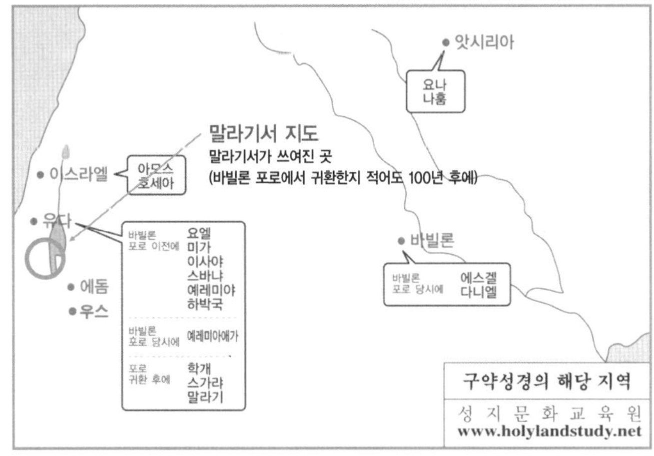

1-2장
이스라엘 백성들과 제사장들에 대한 경고

3장
여호와의 사자가 와서 주의 길을 예비함

4장
여호와의 날

말라기는 BC 440-430에 활동하던 선지자이다.

● **말라기서** - 구약성경의 마지막 책, 말라기 선지자가 예언한 주의 길을 예비할 엘리야와 같은 선지자는 세례자 요한, 그 뒤에 오실 주님은 예수 그리스도

선지자의 무덤

예루살렘 감람산에 있는 학개와 말라기 선지자의 무덤

토론 내용

1. 예루살렘 성전건축은 누가 주동이 되었으며, 누가 반대했는가?

2 세스바살에 대해 이야기해 보자

3. 스룹바벨에 대해 이야기해 보자

4. 에스라에 대해 이야기해 보자

5. 느헤미야에 대해 이야기해 보자

CHAPTER 11

성서지리와 문화

그리스 제국시대

그리스 제국 시대 (BC 333-BC 160)

알렉산더 대왕의 등장과 죽음

페르시아의 다리오 3세 - BC 330년 알렉산더 대왕에게 패함,
그리스(헬라제국)시대의 시작,

알렉산더 - 20세에 왕이 됨, 소아시아, 페니키아, 팔레스타인, 이집트, 바빌론, 수산성, 페르세폴리스 인더스강까지 차례로 정복, BC 323년 33세의 젊은 나이로 병들어 생을 마감.

요세푸스 - 예루살렘으로 진군 때 대제사장 야두아(Jaddua)가 알렉산더의 정복에 대한 하나님의 예언을 보여 주면서 맞이했다고 함.

이수스 전투 (BC 333년)

알렉산더 대왕이 페르시아의 다리오 3세를 무찌른 곳

이수스(Issus) 전투

길리기아의 이수스 평야, BC 333년 11월, 알렉산더 대왕이 다리오 3세를 무찌름.

역사가 아리안(Arrian)

페르시아 군대 60만 명 정도가 북쪽 강 언덕에 진을 쳤고, 마게도냐 군대 3만 오천 명 정도가 남쪽에 진을 치고 격돌, 알렉산더의 대승, 다리오 3세는 가족들까지 버리고 도망.

알렉산더 대왕이 다리오 왕의 막사에 들어갔을 때, 다리오 왕의 어머니, 아내, 두 딸, 어린 아들까지 함께 울고 있었음, 막사 안에는 다리오 왕이 버리고 간 3천 달란트(talents)도 발견.

알렉산더 제국의 지도

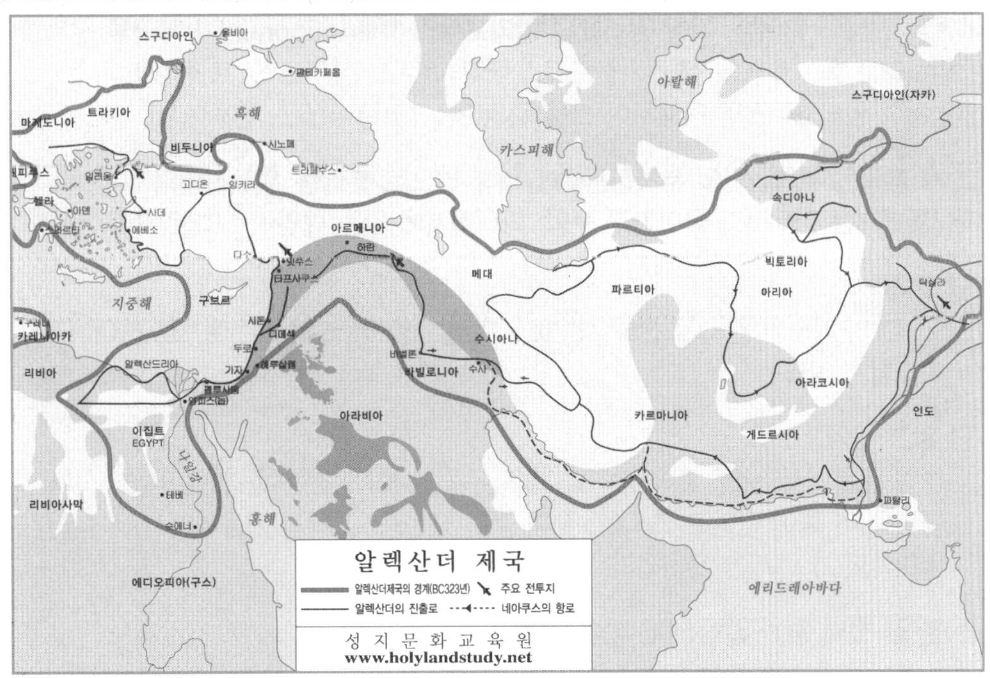

그리스에서 동쪽으로 진출 페르세폴리스를 함락(BC 330년), 인도까지 진출

알렉산더 대왕의 석관

알렉산더 대왕이 페르시아 군대를 무찌르는 장면이 새겨져 있다. 이스탄불 박물관

알렉산더가 죽은 뒤 그리스제국

후계자 전쟁이 일어남, 가장 강력했던 안티고누스 1세(Antigonus)가 제국을 통일하려고 함. 네 명의 장군(카산드로스, 리시마쿠스, 셀루코스, 프톨레미)이 연합하여 안티고누스와 전쟁하여 그를 죽임(BC 301년 입소스 전투에서).

그 후 제국은 알렉산더의 부하장군들에 의해 넷으로 분할됨, 알렉산더의 자녀들에게는 아무것도 돌아가지 못함. 다니엘서에 있는 예언이 그대로 이루어짐.

(단 11:4)

"… 그의 나라가 갈라져 천하 사방에 나누일 것이나 그의 자손에게로 돌아가지도 아니할 것이요… "

(단 8:21~22)

털이 많은 숫소는 곧 헬라 왕이요 그의 두 눈 사이에 있는 큰 뿔은 곧 그 첫째 왕이요 이 뿔이 꺾이고 그 대신에 네 뿔이 났은즉 그 나라 가운데에서 네 나라가 일어나되 그 권세만 못하리라

큰 뿔 곧 첫째 왕 – 알렉산더 대왕,

네 나라 – 알렉산더가 죽은 뒤에 나누어지는 네 나라를 가리킴.

1. **카산드로스(Kassandros)** – 마케도니아와 그리스본토를 차지
2. **셀루코스(Seleucos)** – 시리아와 동쪽 지역을 차지
3. **리시마쿠스(Lysimachus)** – 소아시아와 트라키아와 그 북쪽을 차지,
4. **톨레미(Ptolemy)** – 팔레스타인과 이집트를 차지

70인 번역(Septuagint) – 토레미 왕가가 이집트 알렉산드리아에서 구약성경을 히브리어에서 헬라어로 번역한 것.
이 성경이 예수님 당시에 읽혀짐.

BC 192년경 경쟁 국가들

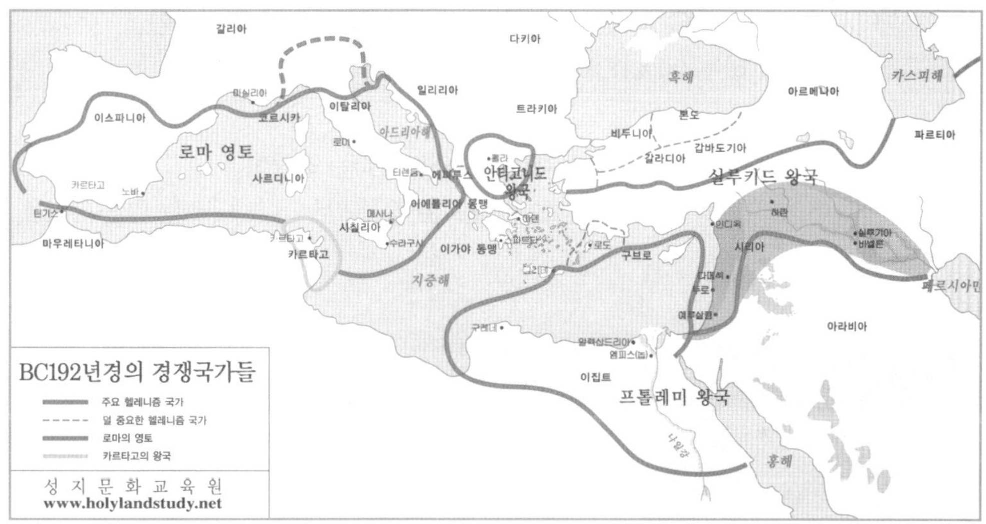

알렉산더 이후 나라가 넷으로 갈라진 그리스 통치시대의 지도

지중해 세계 언어의 통일(그리스어)

알렉산더 대왕의 동방원정으로 지중해 세계의 언어가 그리스어로 통일됨, 신약 성경이 그리스어(헬라어)로 기록됨

Α Β Γ Δ Ε Ζ Η Θ Ι Κ Λ Μ Ν Ξ Ο Π

Ρ Σ Τ Υ Φ Χ Ψ Ω α β γ δ ε ζ η θ

ι κ λ μ ν ξ ο π

ρ σ τ υ φ χ ψ ω

마카비 전쟁과 수전절 (Hanukkah)

실루키드 왕조의 안티오쿠스 에피파네스 4세 (Antiochus Epiphanes)

BC 167년 예루살렘 성전에 제우스 신상을 세우고 돼지를 잡아 제사,
모든 유다인들에게 그리스 신을 숭배하도록 명령

제사장 마타디아스(Mattathias)는

시리아 관리를 죽이고 다섯 아들과 함께 도망.
그의 아들 유다 마카비(Judas Maccabee)가 지도자가 되어 안티오쿠스의 군대를 예루살렘에서 몰아내고 BC 164년 12월 25일 예루살렘 성전을 청결케함.
이를 기념하는 것이 하누카(Hanukkah), 즉 수전절임.

* 요한복음 10:22-23에는 "예루살렘에 수전절이 이르니 때는 겨울이라 예수께서 성전 안 솔로몬 행각에서 다니시니"라는 말씀이 있음.

제우스

제우스 신상 - 그리스 최고의 신

하스모니안 (마카비) 왕조 시대 (BC 160-63)

마카비전쟁으로 독립을 쟁취, 마카비 가문이 왕위를 세습, 독립전쟁을 시작했던 마타디아스의 아버지 '하스몬'의 이름을 따서 이 왕조를 '하스몬 왕조' (Hasmonian Dynasty) 또는 '마카비 왕조' 라고 부름.

유다인들 – 마카비 왕들의 종교관에 불만,

하스몬 왕조의 힐가누스(Hyrcanus II)와 아리스토부루스(Aristobulus II)의 왕권쟁탈전, 이두메(에돔) 통치자 안티파(Antipater)는 힐가누스의 편을 듬. 힐가누스는 로마장군 폼페이를 끌어들임.

폼페이 – 아리스토부루스를 체포, 예루살렘 성전 지성소의 휘장을 철거,
유다인들이 경악, 힐가누스 가문이 대제사장이 됨, 권력은 안티파에게 있었음.
유다인들은 안티파를 독살, 로마는 그의 아들 헤롯을 유다 왕으로 임명.
이 헤롯이 바로 예수가 태어날 때 유다 왕임.

하스모니안 왕궁 모델

유대인들의 분파 (마카비왕조시대에 나타난)

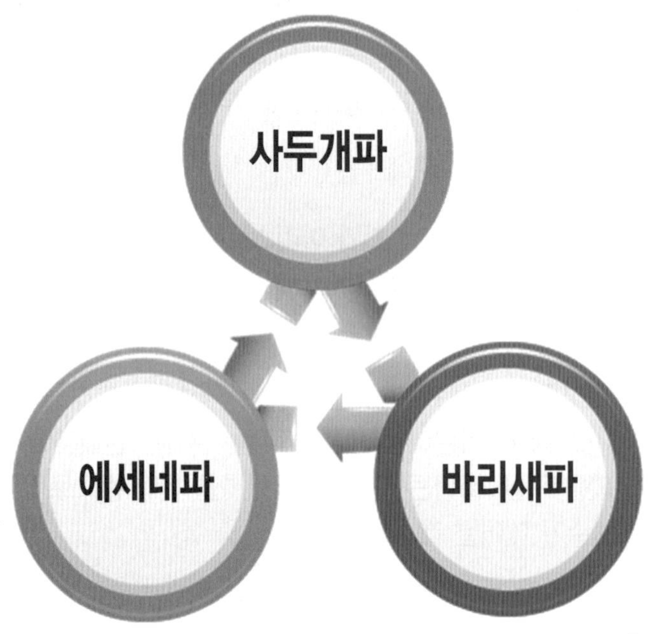

유다인의 분파 (마카비 왕조가 다스리는 기간에 나타난)

사두개파 – 헬라화 된 제사장들과 귀족들을 중심으로 현실 정치에 참여.

에세네파 – 세속을 버리고 금욕을 추구, 세상의 종말이 '곧 온다'고 믿고 자신들의 재산을 다 기증하고 공동체생활, 당시 예루살렘, 갈릴리, 알렉산드리아 등 유대인들이 사는 대부분의 도시에는 에세네파가 있었음.
에세네파의 본부는 쿰란에 있었음. 쿰란에는 공동체 주거지, 사제 양성소, 성경필사실 등이 있었음. 예루살렘 성전과도 멀어지고 자신들의 공동체를 거룩한 성전으로 여겼음.

바리새파 – 성전을 중심으로 마카비들과 연계, 세상에 종말은 오지만 그렇게 임박하게 온다고는 생각하지 않았음.

CHAPTER 12

성서지리와 문화

로마 제국시대

로마 제국 시대 (BC 63 – AD 313)

"Veni Vidi Vici" (왔노라, 보았노라, 이겼노라)

폼페이 – BC 63년 예루살렘 정복, 시저에게 패함, 시저는 BC 44년 암살당함.

옥타비우스 – 악티움 해전(Actium Sea Battle, BC 31년)에서 마크 안토니와 클레오파트라의 연합군을 물리침. 가이사 아우구스투스로 불리움. 예수가 태어날 때 로마 황제. 이두메 사람 안티파의 아들 헤롯을 유대 왕으로 임명

헤롯 – 시리아로부터 로마군인들과 함께 예루살렘을 점령. 아우구스투스의 신전 세움. 사마리아(세바스테)와 가이사랴와 예루살렘 성전을 재건. 수로(Aqueduct)를 만들어 솔로몬 연못 부근 우르타스(Urtas)에서 예루살렘으로 물을 끌어 들임.

로마인들에 대한 유대인의 감정

예수 당시 한 유대인이 성전 문에 서 있던 로마의 독수리를 파손, 산채로 화형을 당함. 화가 난 폭도들이 로마 군인들을 향해 돌을 던짐.
로마 장군 바루스(Varus)는 2,000명의 독립운동가들을 십자가에 처형, 예루살렘에서 갈릴리로 가는 길에 그들의 시체가 여러 날 십자가에 달려 있었음.
예수는 갈릴리와 예루살렘을 오가면서 이와 유사한 광경을 보았을 것임.

사두개인 – 로마인들과 협조, 재산과 산헤드린 통제권을 유지함.

바리새인 서기관 – 종교적인 문제에 몰두,

에세네파 – 사회를 떠나 수도원에 은둔.

열심당원 – 로마와 싸움.

예수 이전에 자신들을 로마로부터 나라를 구하는 메시아라고 주장하는 사람들이 나타남, 열심당원들은 그들을 환영, 로마 당국은 그들을 위험인물로 보고 죽임.
예수도 이런 오해를 받음.

헤롯 가문

헤롯대왕 – 독재자, 유대인들의 환심을 사기 위해 성전을 건축.
헤롯이 죽자 영토는 아들들에게 분할됨.

아켈라오 – 유대와 사마리아 지역, AD 6년에 폐위됨.
로마 총독이 그 지역을 다스림.

헤롯 안티파스 – 갈릴리와 페레아 지역

헤롯 빌립 – 갈릴리의 북동쪽 지역

아피아 도로 (Via Apia Antica)

속주를 포함해서 로마는 제국내에서 85,000km에 해당하는 도로를 닦음.

기독교의 복음은 통일된 그리스어의 옷을 입고, 로마가 닦은 고속도로를 따라 빠르게 전파됨.

아피아 도로 (Via Apia Antica), 312년에 건설된 로마 최초의 고속도로

로마제국 지도

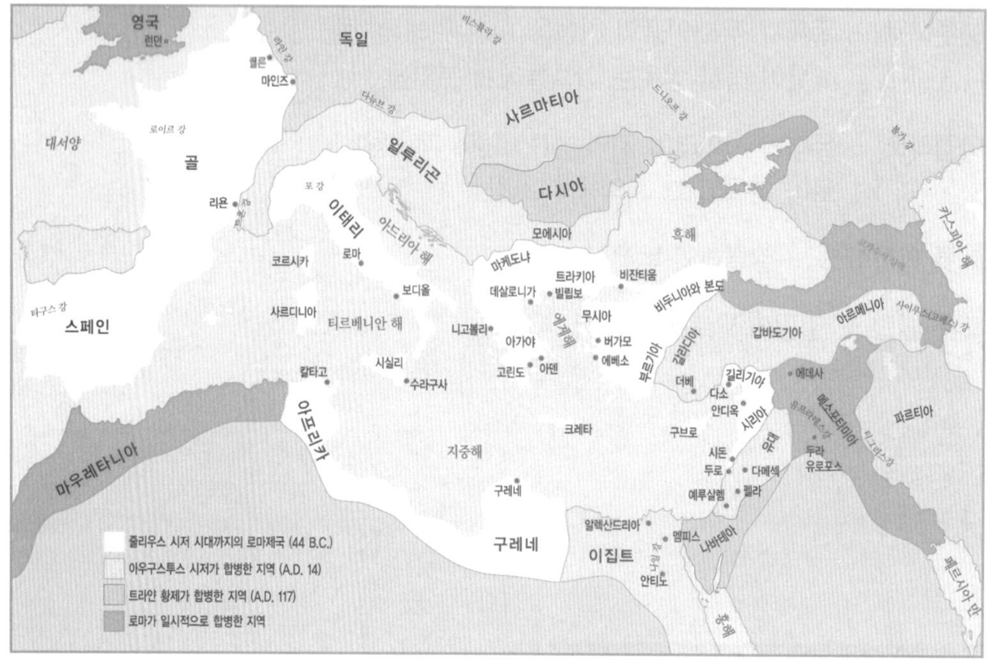

콜로세움 (Colosseum)

네로 황제의 거상(Colosus Nero)이 서 있던 자리에 세워졌기 때문에 콜로세움(Colosseum)이라는 이름이 붙여짐. 지붕을 천막으로 덮어서 햇빛을 가리고 비를 막았음.
AD 72년 베스파시안 황제에 의해 건축이 시작되어 그의 아들 티투스 황제에 의해 AD 80년에 완공됨. AD 70년 티투스 장군이 예루살렘을 멸망시키고 가져온 보물과 노예들을 콜로세움 건설에 투입했을 가능성도 있다.

예수님 당시 예루살렘

로마제국에 의한 예루살렘의 멸망 (AD 70년)

예루살렘 – 주후 70년 로마의 티투스 장군에 의해서 멸망 당함,
서쪽 성벽만 남겨 놓은 채 파괴되고 성전도 파괴됨.

티투스 장군 – 유다인들을 포로로 잡아 로마로 끌고 감.
흩어진 유다인들은 1년에 한 차례 예루살렘에 와서 남아 있는
서쪽 성벽 앞에 가서 통곡함.
서쪽 성벽은 통곡의 벽으로 불리어짐.

실루기아 터널

시리아에 주둔하던 베스파시아누스가 만든 실루기아 터널

베스파시아누스와 티투스

실루기아 터널 입구에 새겨진 베스파시아누스와 티투스의 이름

실루기아 터널 입구

실루기아의 항구

실루기아의 로마시대 항구

예수께서 감람 산에서 예루살렘을 바라보고 우심

예수께서 감람 산에서 예루살렘을 바라보면서 장차 닥쳐올 예루살렘의 멸망을 생각하며 우셨다.
우신 자리에 눈물모양의 교회가 세워져 있다.
(눅 19:41-44)

예루살렘성벽에서 바라본 눈물교회

티투스 장군이 파괴한 성벽의 돌들

요세푸스의 유대인의 전쟁사

예루살렘의 멸망에 대한 상세한 내용이 적혀 있다.

티투스 장군이 남겨 둔 예루살렘 서쪽 성벽

통곡의 벽

통곡의 벽 (예루살렘 서쪽 성벽)

AD 70년, 135년 예루살렘이 멸망하고 유다인들이 세계각지로 흩어진 다음 일 년에 한 번씩 예루살렘에 와서 통곡하던 곳

티투스 개선문

AD 70년 예루살렘을 멸망시켰던 티투스 장군의 개선문 - 로마 광장앞

개선문 안에 새겨진 부조 - 성전기명을 가져오는 로마 군인들

"원로원과 로마시민들이 신이신 베스파시안의 아들이며 신이신 티투스에게와 베스파시안 아우구스투스에게"라는 라틴어가 개선문 위에 새겨져 있음.

티투스 장군의 개선문

로마시대의 거리표시 기둥(마일스톤)

IMPCAESAR
VESPASIANVS
AVG IMPTCAE
SARVESPAVG
L FLAVIVS SILVA
AVG PR PR
LEG X FR

건물 기초에 다시 사용된 고고학적인 기둥조각으로 기둥에는 라틴어로 베스파시안, 티투스 황제와 로마군 제 10지구 사령관의 이름이 새겨져 있다.

이스라엘과 유다의 멸망 역사

1. **북쪽 이스라엘의 멸망** – BC 722년 앗시리아에 의해 멸망을 당하고 앗시리아에 포로로 끌려갔으며 이들은 영원히 돌아오지 못함.

2. **남쪽 유다의 멸망** – BC 586년 바빌론의 느부갓네살에 의해 멸망을 당하고 바빌론에 포로로 잡혀갔으나 바빌론을 정복한 페르시아의 고레스 왕 때 돌아옴.

3. **예루살렘의 멸망** – AD 70년 로마의 티투스 장군과 AD 135년 하드리아누스 황제 때 멸망을 당하고 일부는 노예로 로마에 끌려가고 나머지는 세계 각지로 흩어져 약 2,000년을 떠돌다가 팔레스틴에 돌아와 1948년에 독립국가를 형성함.

유대인 역사가 요세푸스 – BC 586년 바빌론의 느부갓네살이 예루살렘을 멸망시킨 날짜와 AD 70년 로마의 티투스 장군이 멸망시킨 날짜가 똑같다고 했음. 멸망일자는 5월 10일 (솔로몬성전이 지어진지 1,130년 7개월 15일만에 제2성전이 지어진지 639년 45일만에 멸망)

엘리아 카피톨리나의 성문

AD 135년 로마황제 하드리아누스가 예루살렘을 로마의 도시, 엘리아 카피톨리나로 만들었을 때의 예루살렘 성문

엘리아 카피톨리나의 광장

엘리아 카피톨리나 성문 뒤에는 광장이 있었다.
사진은 로마시대의 광장 모습을 재구성한 것이다.

구약시대와 신약시대

구약시대의 종결과 신약시대의 도래

말라기 선지자를 끝으로 구약시대는 종결을 맺고, 예수 그리스도의 탄생으로 신약시대가 열림.

세례자 요한

예수님보다 6개월 먼저 세상에 와서 요단 강에서 세례를 주며 메시아의 길을 예비함. 사람들이 회개하고 세례를 받고 하나님의 나라를 받아들일 준비를 함.

신 구약 중간시대 이야기 요약정리

중간시대

말라기 선지자를 끝으로 예언자들의 활동과 예언이 끝나고 예수의 탄생을 알리는 세례자 요한의 메시지와 함께 새벽별이신 예수가 탄생할 때까지 예언자의 소리 없이 영적인 어두움 속에 지냈던 400년 남짓한 기간.

이 기간에는 활동하는 선지자들이 없었음. 그러나 이 기간에 일어날 일에 대해 다니엘을 비롯한 과거 여러 선지자들의 책에 예언되었음.

CHAPTER 13

성서지리와 문화

예수님 당시

동영상강의 웹사이트 : www.bestbible.org 〉 멀티미디어 교육자료에서 성서지리 편

예수님과 제자들

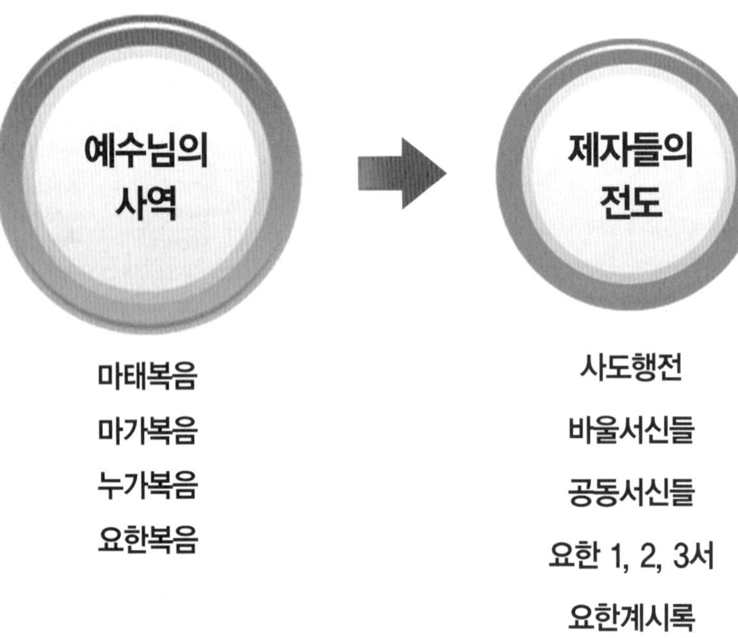

마태복음
마가복음
누가복음
요한복음

사도행전
바울서신들
공동서신들
요한 1, 2, 3서
요한계시록

예수시대 유대종파들

신약성경 시대(1세기) 유대종파들

핫시딤 – 수리아 왕조의 헬라화 정책에 반대한 마카비 혁명의 핵심요원들, 율법에 헌신적인 자들.

사두개파 – 대제사장 사독의 이름을 딴 종파, 귀족정치를 지향, 하스모니안 왕조와 로마통치하에서 정치세력을 형성, 상당수가 산헤드린 공회를 차지함. 수리아 왕조의 헬라화 정책을 지지했던 정치적 집단, 몸의 부활과 천사의 존재를 부정. AD 70년 성전파괴와 함께 사라짐.

바리새파 – 하스모니안 왕조하에서 생긴 단체, 사두개파로부터 유대교의 정통성을 지키기 위해 노력, 몸의 부활과 천사와 영적인 존재를 다 믿으며 오늘까지 계승됨.

열심당 – 갈릴리 사람 유다가 창설한 조직체(행 5:37). 기원전 1세기 전후 로마제국의 팔레스틴 통치에 저항해서 생김.

시카리 – 열심당원 중에서도 극렬분자들, 칼을 품고 다니면서 테러도 감행, AD 73년 마사다에서 최후의 저항, 멸망후 자취를 감춤.

헤롯당 – 헤롯 왕조 때에 생겨난 정파, 로마에 동조하는 헤롯 왕가를 지지함.

에세네파 – 세속적인 것을 반대, 금욕주의, 독신주의, 율법적인 엄격한 생활, 쿰란에 집단적으로 거주. 요세푸스의 기록에 의하면 예수님 당시 그들의 수는 약 4,000명이 됨.

암 하레츠 (Am Ha-aretz)

히브리어로 '땅의 백성들'이란 뜻, 팔레스틴 유대인들의 대다수 평민들, 바리새인들과 사두개인들로부터 무시를 당했음. 예수는 이들을 목자 없는 양으로 간주, 친구가 됨.

복음서 (예수 이야기) - (BC4 - AD29)

1) 예수 이야기

a). 탄생 (BC 4)
b). 예수의 공생애 이전 (BC 4 - AD 26) - 별로 기록이 없음
c). 예수의 세례와 시험 (AD 26)
d). 초기 사역 (AD 26-28년)
e). 후기 사역 (AD 28-29년)
f). 수난과 죽음 (AD 29년)
g). 부활과 승천 (AD 29년)

2) 예수의 가르침

a). 하나님의 나라

예수당시의 왕

■ 예수 당시 로마 황제

예수가 태어날 때 - 가이사 아우구스투스(옥타비아누스)

예수가 사역을 시작할 때 - 디베리우스

■ 예수 당시 유대 왕들

예수가 태어날 때 - 헤롯 대왕

예수가 사역할 때

1. 갈릴리와 베리아 - 헤롯 안티파스
2. 가이사랴, 사마리아, 예루살렘 - 본디오 빌라도
3. 갈릴리 북동쪽 - 빌립

요단 강

예수님은 사역을 시작하기 전 30세에 요단 강에서 세례를 받으셨다. (마 3:13)

예수님의 시험 (마 4:1-11)

예수께서 시험을 받으셨던 유대광야

세례를 받은 후 유대광야에서 시험을 받으심.

1. 돌이 떡이 되게 하라 (눅 4:1-4, 마 4:3-4)
2. 세상 영광을 얻기 위해 마귀에게 절하라 (눅 4:5-8, 마 4:8-9)
3. 성전 꼭대기에서 뛰어 내리라 (눅 4:9-13, 마 4:5-6) - 명예와 영웅심에 대한 시험

하나님의 말씀으로 마귀의 시험을 이기심.

예수님의 시험 (마 4:1-11)

시험 산

(여리고 앞에 높은 산)

여리고

(시험 산에서 바라 본)

갈릴리 호수

예수는 세례를 받으신 후 갈릴리 지방에서 많은 전도활동을 하셨다.

38년 된 병자를 고친 예루살렘 베데스다 못 (요 5:1-9)

옛 계단이 남아 있는 부분

베데스다 못의 과거 모습

양문

제사에 바칠 양을 씻어 성전으로 끌고 들어가는 문(Sheep Gate, 요 5:2)

마리아의 집터 위에
세워진 수태 알림교회

나사렛 전경

나사렛 회당

예수께서 이사야서 61장을 낭독하신 곳

1. 가난한 자에게 복음을 전하고 (마 5:3)
2. 포로된 자에게 자유를 (막 5:15)
3. 눈먼 자에게 다시 보게함을 (요 9:39)
4. 눌린 자를 자유케 하고 (막 1:30 요 8:32)
5. 주의 은혜의 해를 전파하게 하려 하심이라 (요 14:26-27)

예수를 밀쳐 죽이려 했던 곳

나사렛 동네 밖 낭떠러지 – 예수를 배척했던 나사렛 사람들이 예수를 동네 밖으로 쫓아내어 떨어뜨려 죽이려 했던 산, 낭떠러지(눅 4:29)

예수

죄를 사하는 권세 – 마 9:1–8, 막 2:1–12, 눅 5:17–26

창세 전에 아버지(성부)와 함께 영화를 가졌던 자(요 16:5),
아브라함이 태어나기 전부터 있는 자(요 8:58),
메시아(요 4:25–26), 심판자(요 5:22),
성전보다 큰 이(마 12:6), 안식일의 주인(마 12:8),
솔로몬보다 큰 이(마 12:42), 요나보다 큰 이(눅 11:32),
다윗의 주(눅 20:44),
모세가 기록한 자(요 5:46),
보혜사 성령이 증언하실 자(요 15:26)

해변 길 (Via Maris)

블레셋 땅을 통과하는 해변길, 방어와 통행을 위한 요새들이 건축되어 있었음, 이집트의 군대가 이 길을 통해 북방 원정에 나섰기 때문에 '호루스(Horus)의 길' 이라고 불렀음.

이집트 – 블레셋 땅 (지중해 해변) –나사렛 – 가나 – 갈릴리 가버나움 – 다메섹

 해변길이 갈릴리 호수의 북쪽 가버나움으로 내려 오는 곳

가버나움 회당 (막 1:21)

예수께서 마태를 부르셨다. (가버나움)
마 9:9–13, 막 2:13–17, 눅 5:27–32

예수께서 여덟 가지 복을 가르치신 축복의 산

예수께서 축복의 산에서 12제자를 선택하셨다.
마 10:1–4, 막 3:13–19, 눅 6:12–16

예수님의 12 제자들

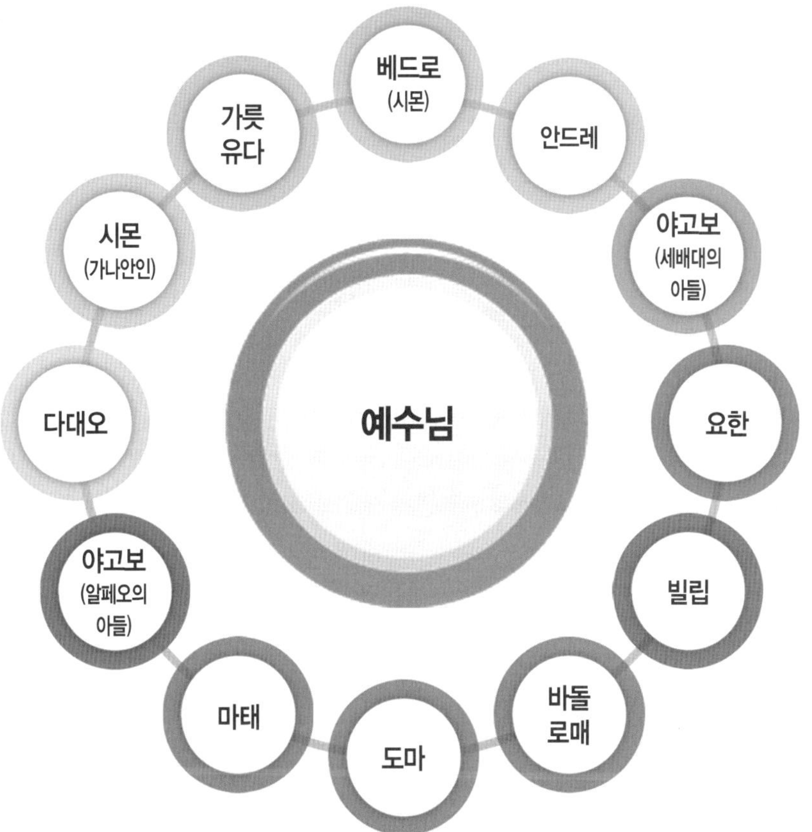

물고기와 밀빵

오병이어의 기적에 사용되었다고 생각되는 물고기와 밀빵의 모습

세례자 요한이 목베임을 당한 헤롯 궁 – 마케루스(Machaerus)

여기서 살로메가 춤을 추고 세례자 요한의 목을 구했다. (마 14: 6-11)

가이사랴 빌립보의 여러 신전들

제우스, 판, 네메시스

"너희는 나를 누구라 하느냐?"는 질문으로 올바른 신앙고백을 하게 하심 (마 16:15-16).

판(Pan) 신

헤르메스(Hermes)와 님프(Nymph) 사이에서 태어난 신.
양, 염소, 목동들의 수호신, 반은 사람이고 반은 염소,
산이나 숲에서 님프들과 생활.

예수께서 죽은 나사로를 살리심

나사로의 무덤 입구 (요 11:17)

예수께서 나사로를 살리심
(요 11:43-44)
L. di Tomme의 그림

예루살렘

오늘의 예루살렘과 황금 사원

예수님 당시 예루살렘과 제2성전인
헤롯 성전을 재구성한 모델
(이스라엘 박물관의 모델)

겟세마네

겟세마네 동산에 있는 조각으로
예수님이 기도하시는 모습

예수님께서 피와 땀을 흘려 기도하시던
곳에 세워진 땀방울 모양의 기념교회
(눅 22:44)

아겔다마 (Akeldama)

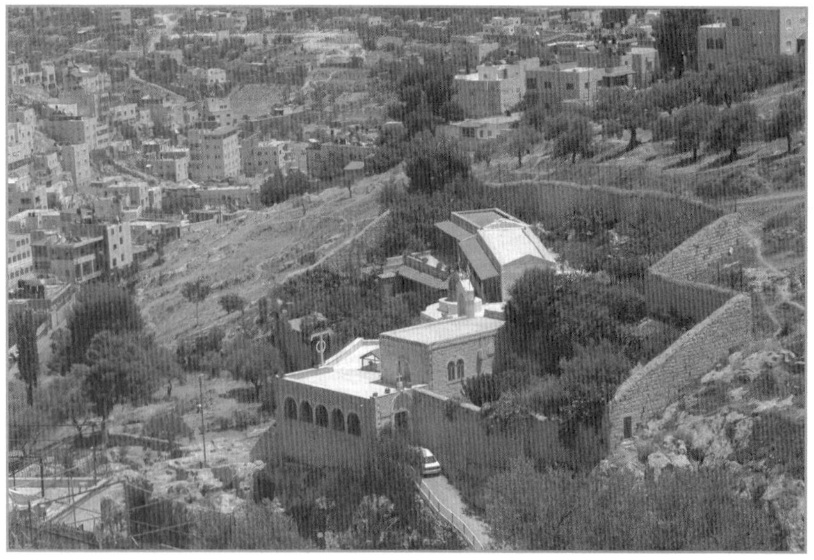

힌놈의 골짜기에 있는 피밭, 가룟유다가 목매어 자살한 곳, 지금은 거기에 성 오누프리우스 수도원(St. Onuphrius Monastery)이 세워져 있다.

빌라도 관정

빌라도 관정의 외부

빌라도 관정 내부

빌라도 관정 내부에 있는 돌을 깐 뜰(가바다, 요 18:28)

예루살렘의 마지막 밤 여정

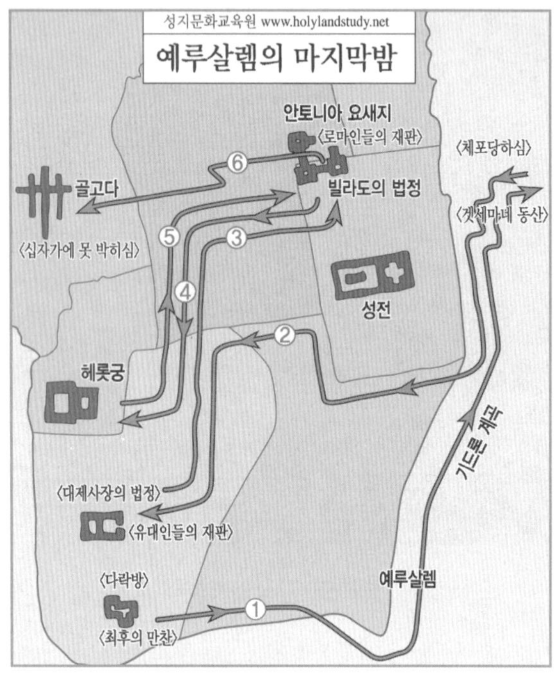

예수님의 무덤 위에 세워진 성묘교회

이 성묘교회는 4세기에
콘스탄티누스황제가 세웠다.

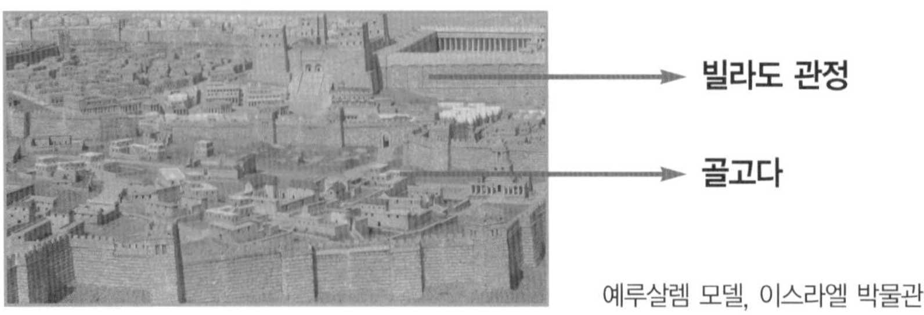

예루살렘 모델, 이스라엘 박물관

부활하신 예수님께서 엠마오로 가던 두 제자에게 나타나셨다

엠마오
막 16:12-13, 눅 24:13-35

엠마오 저녁의 만찬
Rembrandt의 그림

예수께서 떡을 떼어 제자들에게 주시니 제자들의 눈이 밝아 부활한 예수를 알아보았다. (눅 24:30-31)

마가의 다락방

다락방

예수님께서 부활하신 날 저녁 도마가 없는 가운데 열 제자에게 나타나심, 8일 후 도마가 있는 자리에서 또다시 나타나신 곳

도마의 의심 – Guercino의 그림

네 손을 내밀어 내 옆구리에 넣어보고 믿음 없는 자가 되지 말라고 말씀하셨다. (요 20:27)

Mensa Christi
예수께서 부활 후 제자들과 식사한 곳

팔복산
팔복을 가르치신 산

예수께서 부활 후 갈릴리 호수 앞에서 제자들과 조반을 드신 곳, 주의 식탁 교회가 세워졌다. (요 21:12)

조반 먹은 후에 예수께서 베드로에게 네가 이 사람들 보다 나를 더 사랑하느냐?고 물으시면서 내 어린 양을 먹이라고 하셨다. (요 21:15)

예수께서 감람 산에서 제자들이 보는 가운데 승천하심

부활하신 예수는 감람 산에서 하늘로 올라가셨다.
막 16:19-20, 눅 24:50-53

예수가 하늘로 올라가신 감람 산

승천 채플

예수가 승천한 감람 산 꼭대기에 세워진 작은 채플

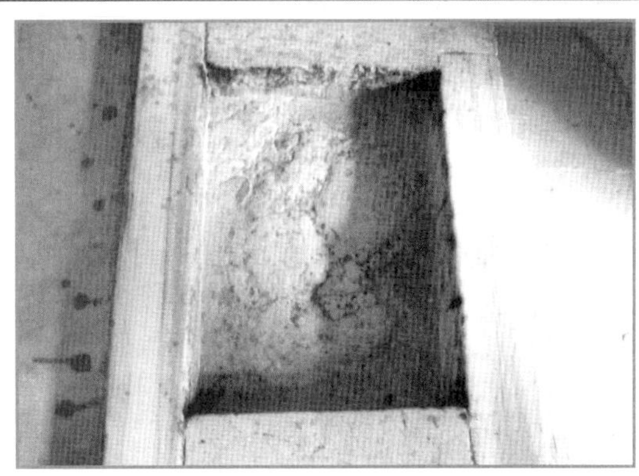

예수가 승천하신 곳 (눅 24:51)

예수는 감람 산에서 제자들이 보는 가운데서 하늘로 올라가셨다. 하늘로 올라가신 예수는 다시 오실(재림) 것이다.

'마라나타'(아람어) – '주여 오시옵소서'

예수님 당시의 내용을 정리해 봅시다.

CHAPTER 14
성서지리와 문화

사도시대

동영상강의 웹사이트 : www.bestbible.org 〉멀티미디어 교육자료에서 성서지리 편

이스라엘 땅에서 복음전파

읽을 성경 – 사도행전

사도행전의 요절

"오직 성령이 너희에게 임하시면 너희가 권능을 받고 예루살렘과 온 유대와 사마리아와 땅 끝까지 이르러 내 증인이 되리라 하시니라" (행 1:8)
– 도망갔던 제자들이 성령을 받고 목숨을 바쳐 복음을 전함

예루살렘에서 스데반과 주의 형제 야고보가 순교함.

빌립의 전도 (예루살렘 – 사마리아 – 예루살렘 남쪽 – 가자 – 아소도 – 가이사랴), 이방인 선교

베드로의 전도 (예루살렘 – 룻다–욥바 – 가이사랴)

일곱집사

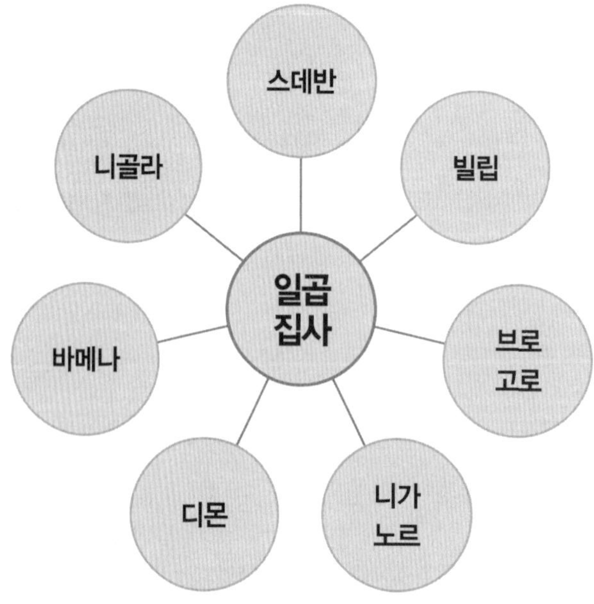

초대교회 구제하는 일을 맡기기 위해 뽑은 일곱 집사들 (행 6:1–7)

스데반의 순교 – G. Vasari의 그림

스데반은 예루살렘에서 전도하다가 돌에 맞아 죽음으로 예수의 복음을 위해 첫 순교자가 되었다.(행 7:59)

첫 순교자 스데반 순교기념교회

스데반이 돌에 맞아 순교한 곳에 기념교회가 세워졌다. (예루살렘 성밖 감람 산 앞에 있다.)

요한의 형제 야고보의 순교 – L . Monaco의 그림

헤롯 왕이 요한의 형제 야고보를 칼로 죽였다.
유대인들이 이 일을 기뻐하는 것을 보고 베드로도 잡아 옥에 가두었다.(행 12:4)

사도행전 지도

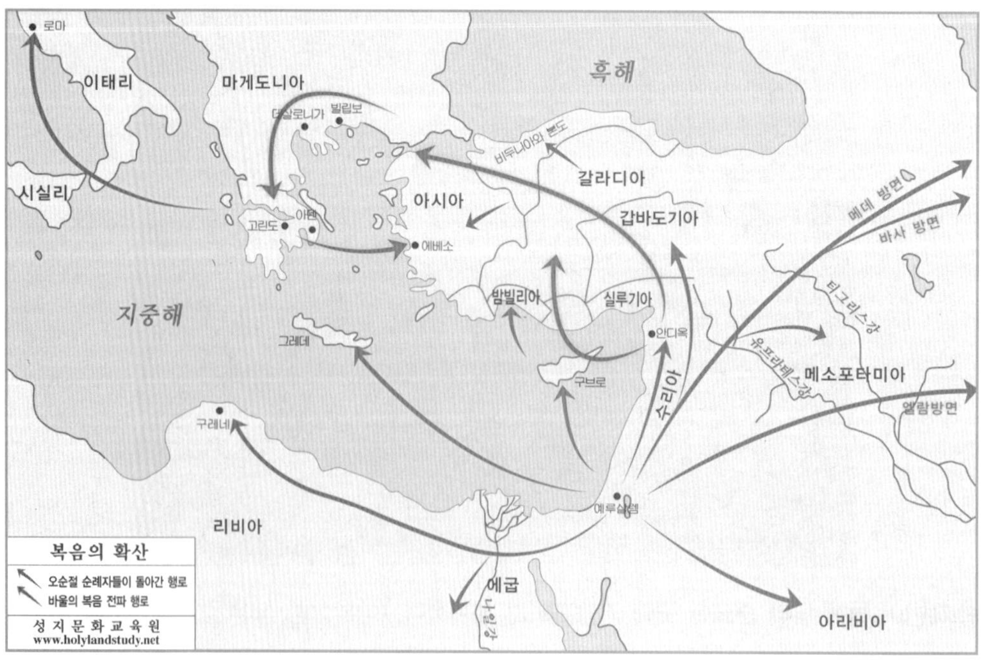

베드로의 전도여행

1차 전도여행 (행 8:14–25) – 이스라엘 내에서

예루살렘 – 사마리아 – 예루살렘(이방인 선교)

요한과 함께 사마리아에 가서 복음을 전하고 안수하여 성령을 받게 하고 예루살렘으로 돌아왔다.

2차 전도여행 (행 9:32–11:18) – 이스라엘 내에서

예루살렘 – 룻다 – 욥바 – 가이사랴 – 예루살렘 (이방인 선교)

룻다에서 애니아의 중풍병을 고쳐주고, 욥바에서 죽은 다비다를 살리고, 가이사랴에서 고넬료에게 세례를 주었다.

3차 전도여행 (갈 2:11–14) – 이스라엘 밖에서

베드로가 안디옥에서 바울을 만났다는 것이 언급되어 있다.

4차 전도여행 (벧전 5:13) – 이스라엘 밖에서

베드로가 바빌론에서 마가와 함께 안부를 전했다. 이 바빌론이 메소포타미아의 바빌론인지, 박해 시에 로마를 바빌론에 비유했음으로 로마를 가르킨 것인지는 해석상 견해차이가 있다. 그러나 많은 사람들이 로마를 가르킨 것이라고 생각한다.

이스라엘 땅 안에서 베드로의 전도 여행지

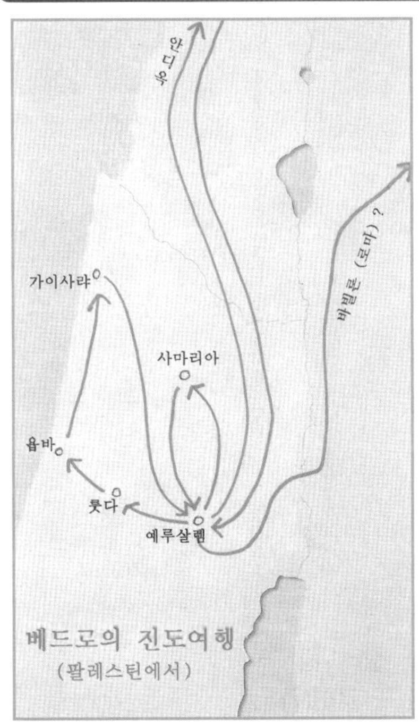

요한과 함께 사마리아에 가서 복음을 전함.

룻다에서 애니아의 중풍병을 고치고(행 9:32–35), **욥바에 가서 죽은 도르가(다비바)를 살림.** (행 9:36–43)

욥바에서 이방인 전도에 대한 환상을 보고 가이사랴로 내려가서 백부장 고넬료의 가정에 복음을 전하고 세례를 줌.(행 10장)

욥바의 무두장이 시몬의 집

고넬료가 살았던 가이사랴

이스라엘 밖에서 베드로의 전도 여행지

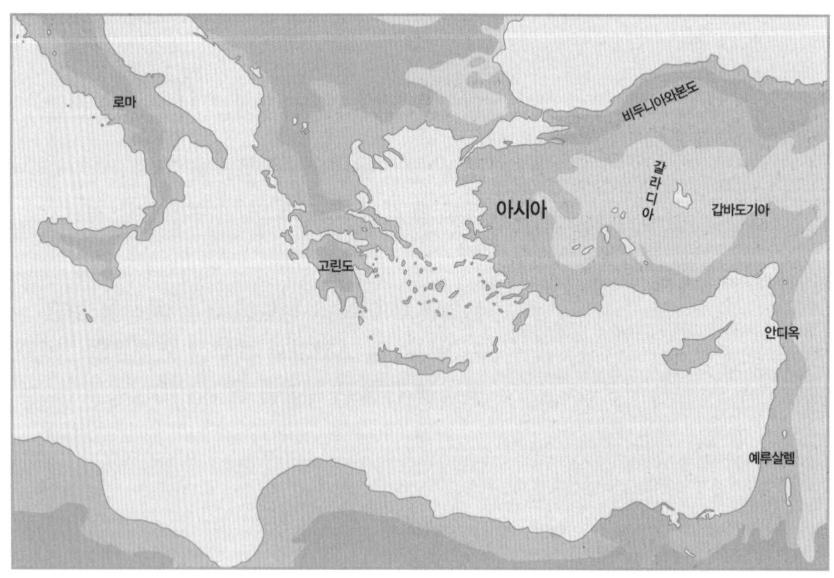

예루살렘 – 안디옥 – 갑바도기아 – 갈라디아 –
아시아 – 비두니아와 본도 – 고린도 – 로마(?)

이스라엘 땅 밖에서 베드로의 전도활동

수리아의 안디옥에서 바울을 만났다. (갈 2:11–14)

편지를 보냈던 본도, 갈라디아, 갑바도기아, 아시아와 비두니아 지역을 방문했던 것으로 보인다. (벧전 1:1)

바울이 고린도 교회에 보낸 편지를 보면 베드로가 고린도에도 들린 것 같다. (고전1:12)

베드로 자신의 편지에서 말하고 있는 바빌론이 로마를 가리킨 것이라고 한다면 로마도 들렸던 것이 된다. (벧전 5:13)

베드로의 순교

베드로는 AD 64년 네로 황제 때 순교한 깃으로 전해진다.

로마의 공동묘지 위에 콘스탄티누스 황제가 베드로 기념교회를 세움. 16세기 그 자리에 베드로 성당을 지음.

네로 황제

AD 54년부터 68년까지 로마황제를 지냄.

가정교사 세네카 등의 충언으로 처음 5년간은 좋은 황제, 나중에는 어머니와 사촌을 살해하는 등 패륜에 빠짐.

AD 64년 로마에 자신이 불을 지르고 누명을 기독교인들에게 씌워 산채로 불에 태웠음.

AD 64년 베드로의 순교,

AD 67년 바울의 순교,

AD 68년 네로는 자살함.

빌립의 전도 여행지 (팔레스틴에서)

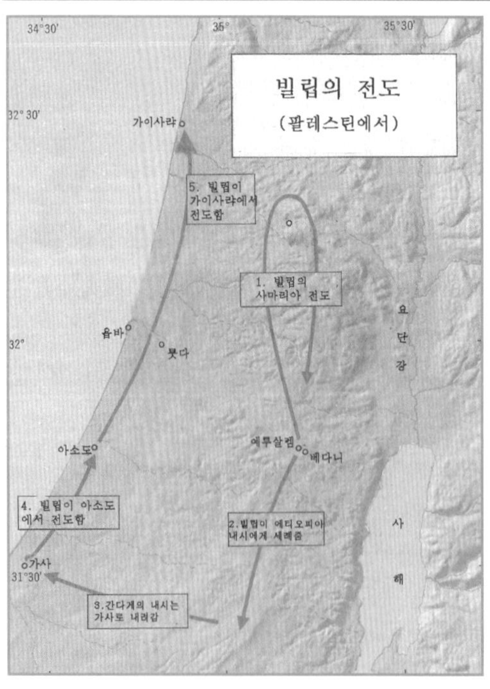

예루살렘 - 사마리아- 예루살렘 - 가사로 가는 길에서 에티오피아 여왕 간다게의 내시에게 세례를 줌 - 아소도 - 가이사랴 (행 8:5-40)

빌립의 순교

빌립이 순교했다고 전해지는 자리에 4세기에 지어진 교회

교회당 너머로 흰 파묵칼레의 온천이 보인다. – 터키의 히에라볼리

공중에서 바라본 8각형으로 지어졌던 사도 빌립 순교기념교회 터 – 히에라볼리

사도 바울

'사울' – 히브리이름
'바울' – 로마이름

바울:
베냐민 지파, 소아시아의 다소에서 태어난 디아스포라,
날 때부터 로마시민권을 가짐,
다소에서 스토아철학을 배움, 예루살렘으로 유학을 가서
가말리엘로부터 율법을 배움,
처음에는 유대교를 열심히 믿고 기독교를 박해,
스데반을 죽이는 일에 가담,
다메섹에서 부활한 예수를 만나 사도가 됨,
13개의 서신을 씀.

다소의 고대 문

다소의 고대문

다소의 우물

다메섹 성문 밖

다메섹 성문밖 카우갑(Koukab, Syria)에 바울이 회심한 곳으로 전해지는 장소
(행 9:3-4) AD 33년 (당시 바울의 나이 28세)

아나니아의 집 - 직가거리 옆에

그 때에 다메섹에 아나니아라 하는 제자가 있더니 주께서 환상 중에 불러 이르시되 아나니아야 하시거늘 대답하되 주여 내가 여기 있나이다 하니 (행 9:10)

주께서 이르시되 일어나 직가라 하는 거리로 가서 유다의 집에서 다소 사람 사울이라 하는 사람을 찾으라 그가 기도하는 중이니라 그가 아나니아라 하는 사람이 들어와서 자기에게 안수하여 다시 보게 하는 것을 보았느니라 하시거늘 (행 9:11-12)

직가 (Via Recta, Straight Street)

직가는 다메섹의 Decumanus Maximus로서 동서를 가로지르는 길이다.

직가의 지도

직가(Decumanus Maximus- 동과서로 뻗는 길)의 지도

바울의 초기여행

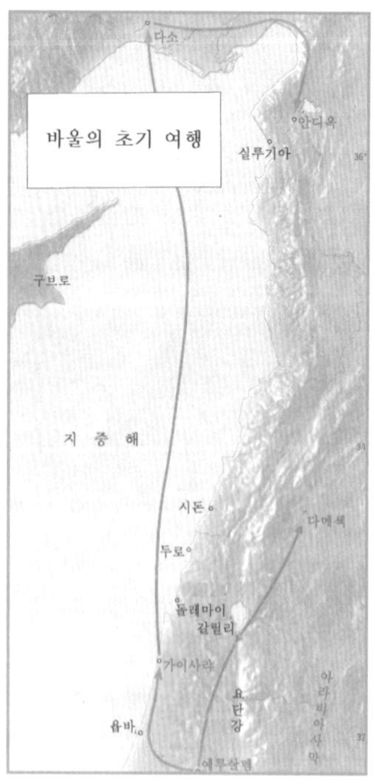

다메섹

▼

아라비아(3년)

▼

예루살렘

▼

가이사랴

▼

다소(8년)

▼

수리아의 안디옥(1년)
(행 9:26-30, 11:25-26)

바울의 제1차 여행

가는 길

안디옥–실루기아 항구–구브로 섬의 살라미–구브로 섬의 바보–앗달리아–버가–비시디아 안디옥–이고니온–루스드라–더베

돌아가는 길

더베–루스드라–이고니온–비시디아 안디옥–밤빌리아(버가)–앗달리아–실루기아 항구–안디옥

동굴로 된 안디옥 교회

외관은 십자군 시대에 만든 것이다.

안디옥 교회 내부

교회내부 동굴

동굴교회 내부

동굴로 된 안디옥 교회는 교회 안에서 뒷산으로 통하는 동굴 통로가 있어서 박해 시에 뒷산으로 도피했다.

로마시대의 실루기아 항구

로마 시대의 항구 (실루기아)

배의 닻줄을 메었던
구멍 뚫린 로마시대의 돌

구브로의 살라미 (Salamis of Cyprus)

배타고 구브로에 가서
살라미에 이르러 (행 13:4)

살라미(Salamis)는 바나바의 고향.

사진은 살라미에 있는 바나바의 무덤 위에 세워진 채플이다.

구브로의 바보 (Pafos of Cyprus)

온 섬 가운데로 지나서
바보에 이르러 (행 13:6)

바울은 구브로 섬에서 총독 서기오 바울을 전도했다.

바보의 초기교회 터

유대인의 회당자리에 세워진 교회

토루스 산 (Mt. Taurus)

버가에서 비시디아 안디옥 사이에 있는 토루스 산
(강도들의 위험이 있던 험한 산, 당시 강도들의 이름은 호모네데시안)

로마의 도로

로마시대의 길 (Via Sebaste)

토루스 산 입구에 있는
로마시대의 길(버가 쪽에 있는 길)

로마시대의 길

아다다(Adada) 입구에 있는 로마시대 도로

서기오 바울의 비석

서기오 바울은 구브로의 로마 총독이었다. 그는 비시디아 안디옥에 있다가 총독으로 임명을 받고 구브로에 간 것 같다. 그의 이름이 새겨진 비석이 비시디아 안디옥에서 발견되었다.

중앙교회와 바수스 교회 터

디베리우스 광장 앞에 있는 이 교회가 유대인의 회당자리에 지어졌다고 보는 견해가 유력하다.

비시디아 안디옥 회당에서 (행 13:14-52)

바울은 비시디아 안디옥의 유대인 회당에서 설교, 회당에는 이스라엘 사람들과 이방인 중에서 하나님을 경외하는 사람들이 참석.

바울의 설교에 대한 반응은 엇갈림, 유대인들은 바울의 설교를 반박하고 배척, 이방인들은 바울의 설교를 듣고 믿음.
비시디아 안디옥에서 최초로 이방인의 교회가 세워짐.
아브라함과 그 후손을 통해 오는 축복을 아브라함의 자손들은 배척하고 이방인들은 받아들임.

바울과 바나바는 유대인들을 향하여 발의 티끌을 떨어 버리고 이고니온으로 감.

이고니온의 동굴교회

헬레나 교회

AD 327년에 지어진 헬레나 교회, 터키 콘야의 중심부에서 북서쪽으로 10km 떨어진 곳에 위치한 실레(Sille)에 있음.

루스드라 (Lystra)

바울이 더베와 루스드라에도 이르매 거기 디모데라 하는 제자가 있으니 그 어머니는 믿는 유대 여자요 아버지는 헬라인이라 (행 16:1)

더베 (Derbe, Kerti hoyuk)

그들이 알고 도망하여 루가오니아의 두 성 루스드라와 더베와 그 근방으로 가서 거기서 복음을 전하니라 (행 14:6-7)

예루살렘 사도회의 (AD 49년)

이방인도 모세의 법대로 할례를 받아야 구원을 받을 수 있는가?

예루살렘에서 회의가 열림, 많은 토론을 거친 뒤,

1. 우상의 더러운 것과
2. 음행과
3. 목매어 죽인 것과
4. 피를 멀리하라(행 15:19-20).

AD 49년 이방인에 대한 예루살렘 사도회의의 결정은 기독교를 세계적인 종교로 발전시키는 중요한 결정이었음.

바울의 2차 전도 여행 코스 (행 15:40-18:22)

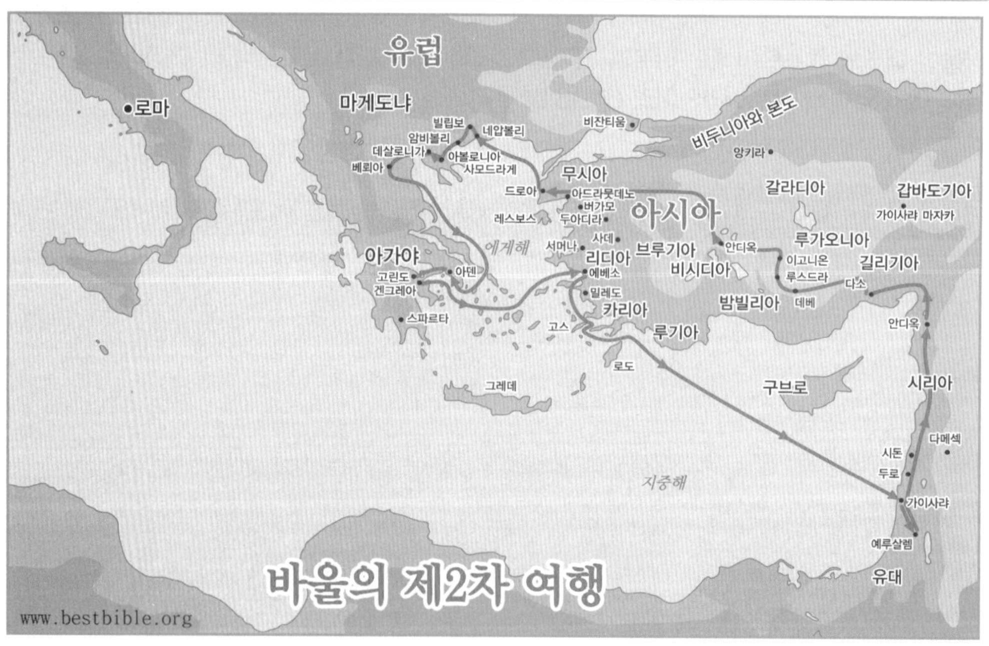

가는 길

안디옥 - 수리아 - 길리기아 - 더베 - 루스드라 - 브루기아 - 갈라디아 - 무시아 - 드로아 - 사모드라게 - 네압볼리 - 빌립보 - 암비볼리 - 아볼로니아 - 데살로니가 - 베뢰아 - 아덴- 고린도

돌아가는 길

고린도 - 겐그레아 - 에베소 - 가이사랴 - 수리아의 안디옥

로마시대의 길

다소 교외에 있는 로마시대의 길, 수리아의 안디옥에서 길리기아 관문을 통해 갈라디아 지방으로 이어짐. 바울이 2차, 3차 전도여행을 갈 때 이 길을 걸어감.

드로아 (Alexandria Troas)

무시아를 지나 드로아로 내려갔는데
(행 16:8)

드로아의 로마시대 항구

사도 바울이 배를 타고 네압볼리로 갔던 로마시대 항구이다.

네압볼리와 빌립보

네압볼리

이튿날 네압볼리로 가고 (행 16:11)
네압볼리는 마게도냐의 첫 도시 빌립보에 가기 위해서 들려야 하는 항구도시이다.

바울이 처음 내린 곳

네압볼리 항구에 바울이 배에서 처음 내린 장소에 세워진 교회이다.
사진은 바울이 네압볼리에 첫 발을 내디뎠다고 생각되는 곳에 세워진 성 니콜라스(St. Nicholas)교회이다.

에그나티아 길 (Via Egnatia)

네압볼리에서 빌립보로 가는 로마 시대의 길로서 바울과 실라가 이 길을 걸어갔다.

빌립보의 에그나티아 길

빌립보 도시에 있는 로마 고속도로 에그나티아 길(Via Egnatia)이다.

루디아가 세례를 받은 (Gaggitas 강)

문 밖 강가에 나가 거기 앉아서 모인 여자들에게 말하는데 (행 16:13)

루디아 기념 교회 (Memorial Church of Lydia)

루디아가 세례받고 유럽에서 최초의 크리스천이 된 것을 기념하는 빌립보에 있는 루디아 기념교회이다.

빌립보(Philippi) 도시의 광장(시장)

거기서 빌립보에 이르니 이는 마게도냐 시방의 첫 성이요 또 로마의 식민지라 (행 16:12)

바울이 끌려갔던 빌립보 시장 터

여종의 주인들은 자기 수익의 소망이 끊어진 것을 보고 바울과 실라를 붙잡아 장터로 관리들에게 끌어 갔다가 (행 16:19)

베마(Bema) - 재판석, 연단

재판석 자리로서 죄를 지었다고 고발된 자들이 자신을 변호했던 연단, 앞에 구멍이 파인 곳은 변호하는 사람을 청중들로부터 보호하기 위해 울타리를 만들었던 자리.

빌립보 감옥

이에 갑자기 큰 지진이 나서 옥터가 움직이고 문이 곧 다 열리며 모든 사람의 매인 것이 다 벗어진지라 (행 16:26)

저자 (시장, Agora)

회당에서는 유대인과 경건한 사람들과 또 장터에서는 날마다 만나는 사람들과 변론하니 (행 17:17)

아레오바고 (Areopagos)
최고의 재판소가 있던 곳

그를 붙들어 가지고 아레오바고로 가며 말하기를 네가 말하는 이 새로운 가르침이 무엇인지 우리가 알 수 있겠느냐 (행 17: 19)

고린도의 재판자리 (Bema, Tribune) - 연단

갈리오가 아가야 총독 되었을 때에 유대인이 일제히 일어나 바울을 대적하여 법정으로 데리고 와서 (행 18:12)

석비문이 가지는 중요한 의미

로마 황제 글라우디우스(Claudius, A.D. 41–54)가 아가야 총독 갈리오 (L. Iunius Gallio)에게 델피에 더 많은 엘리트 사람들이 정착하도록 도와주어서 델피를 활성화하도록 노력하라는 명령을 베낀 것, 새겨진 연대는 AD 52년, 바울은 갈리오 총독 재임기간을 포함해서 고린도에 18개월을 머물렀음(행 18:11).
이 비문은 사도 바울의 년대기를 수립하는데 결정적인 도움이 됨.

데살로니가전 · 후서

2차 여행 중(AD 50년 3월말 – AD 53년 5월) 고린도에서 바울이 쓴 편지
– 데살로니가전 · 후서 (AD 52년)

디모데는 바울의 2차 여행 중 루스드라에서 동행함.

실라와 함께 베뢰아에 남아있다가 아테네에서 바울과 합류했다가 데살로니가로 갔다가(살전 3:1–5) 고린도에 와서 바울과 다시 합류(살전 3:6–7).

데살로니가전후서(AD 52년경)는 디모데가 고린도에 와서 데살로니가 교인들의 믿음과 사랑에 대한 기쁜 소식을 바울에게 전해준 것이 계기가 되어 바울이 데살로니가 교인들에게 편지를 쓰게 되었음(살전 3:6).

겐그레아 항구

겐그레아 항구 표지판

겐그레아 항구의 비잔틴 교회 터
바울이 일찍이 서원이 있었으므로 겐그레아에서 머리를 깎았더라 (행 18:18)
겐그레아 항구에서는 에베소로 가는 배를 탈 수 있었다.

우상의 제물 - 고전 8장

고대 사람들은 짐승을 잡아 신들에게 제물로 바친 뒤에 고기를 먹었다. 이런 습관들은 그리스 - 로마시대에도 행해졌으며 가끔 신전들에는 식사하는 장소가 마련되어 함께 식사했으며(우상의 집, 고전 8:10), 신전에서 남는 음식은 시장에 내어다 팔았다. 바울은 시장에서 파는 음식이 신전에 바쳐진 것인지 아닌지 묻지 말고 먹으라고 했지만(고전 8:4~6), 초대한 사람이 그 고기가 우상의 전에서 왔다고 말하면 믿음이 약한 자들을 위해서 먹지 말라고 했다(고전 8:7~13).

고린도에 있었던 의학의 신 아스클레피우스 신전과 병원의 도형으로 고린도의 기독교인들이 우상에게 바쳐졌던 음식에 대해 가졌던 질문을 이해할 수 있다.
신전의 지성소 바로 밑에 여행자들을 위한 식당이 있었다.

The Lion Handbook to the Bible, p. 699 참조

아픈 신체 부위들

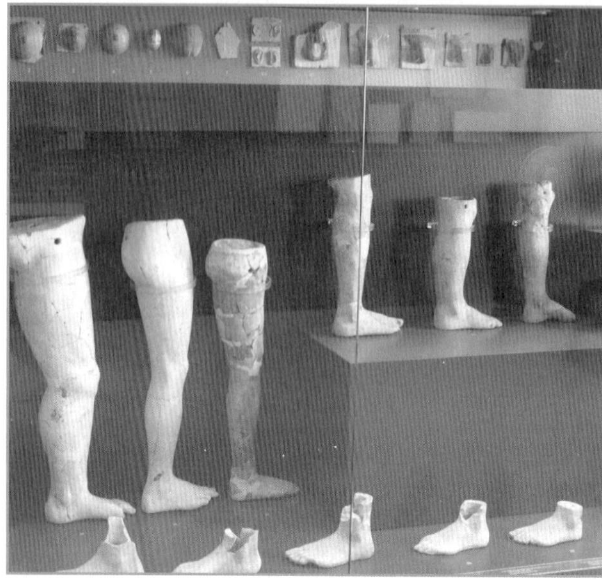

고린도의 병원 의학의 신 아스클레피온 신전에 바쳐진 환자들의 아픈 신체 부위들 - 고린도 박물관

고린도의 약도와 고기 시장의 위치

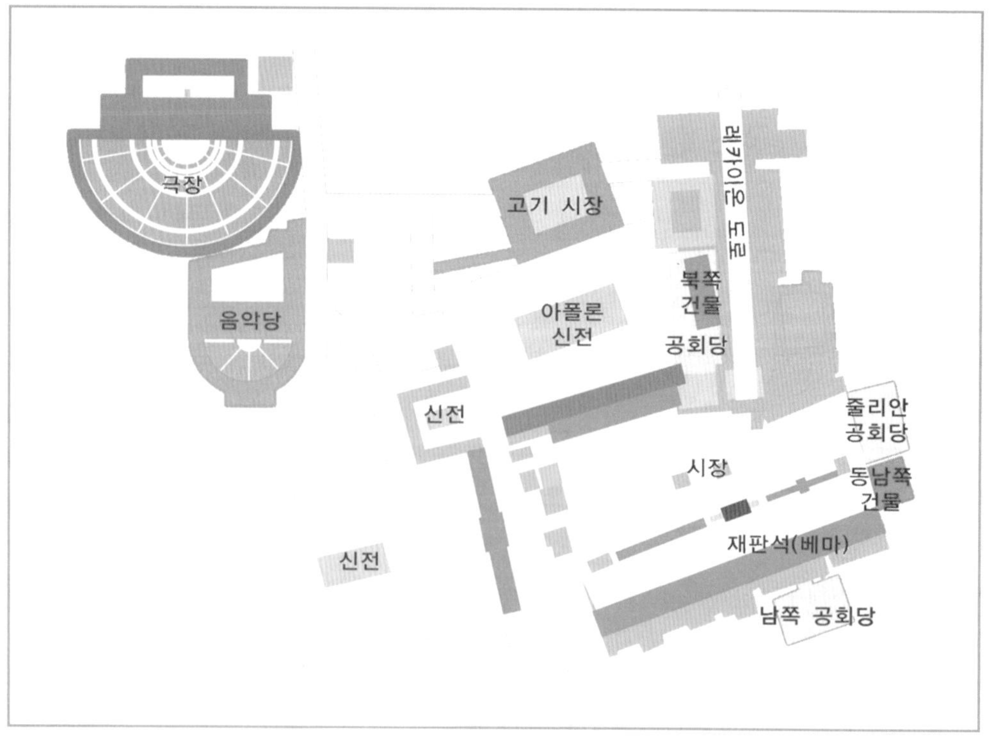

로마시대 고린도의 모습

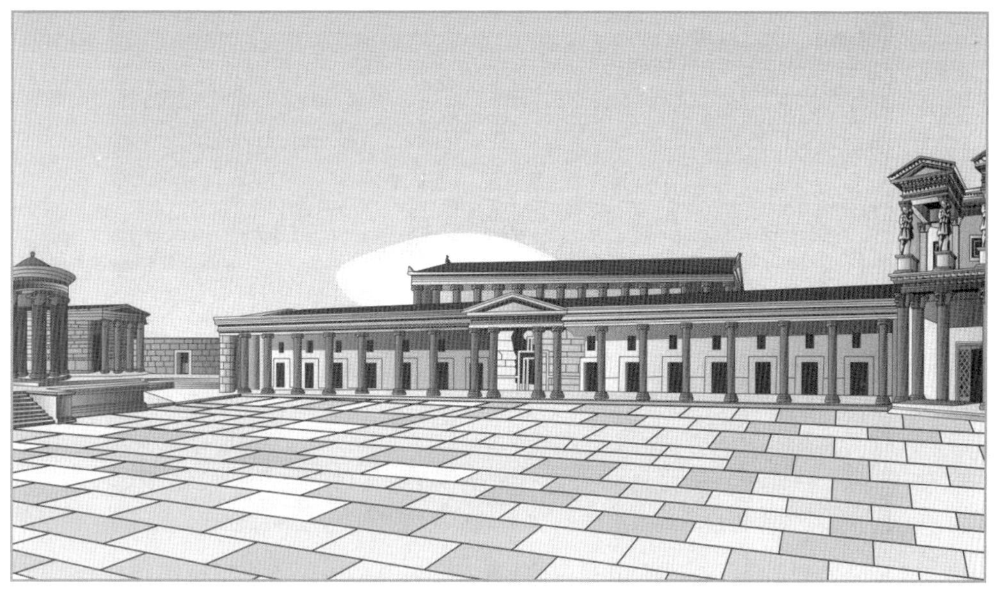

바울의 3차 전도 여행 코스 (행 18:23-21:19)

가는 길

안디옥 – 갈라디아(더베, 루스드라, 이고니온, 비시디아 안디옥) – 브루기아 – 에베소 – 마게도냐 – 고린도

돌아가는 길

고린도 – 마게도냐 – 드로아 – 앗소 – 미둘레네 – 기오 – 사모 – 밀레도 – 고스 – 로도– 바다라 – 베니게 – 구브로 – 두로 – 돌레마이 – 가이사랴 – 예루살렘

항구 거리 (Harbor Street)

연극장 앞의 항구거리를 따라 500m를 내려가면 에베소 항구가 있고, 사도 바울이 2차 전도여행에서 돌아가는 길에 고린도의 겐그레아 항구에서 배를 타고 에베소 항구에 내려 이 길을 따라 에베소로 들어왔다.

아데미신전

아데미신전 터

에베소의 아데미신전은 그리스 아테네의 파르테논(Parthenon) 신전 보다 크기가 네 배나 되었다고 한다. 아데미신전은 127개의 기둥이 있었으나 현재 폐허된 신전 터에는 기둥 하나만 남아있다.

아데미신전의 원래 모습을 재구성

아데미 여신

아데미 신상

가장 큰 아데미 신상, 에베소의 시의회 건물 (프리타네이온)에서 발견, 높이는 2.9미터, AD 1세기의 것. 유방은 생산과 풍요를 상징, 유방 위에는 여러 조디악 사인이 있다. 목에 두른 스카프는 벌 목도리로 불리어 진다.

향제단

아데미 여신을 위해 향을 피우는 제단, 가운데는 불이 타오르고 오른쪽에는 여자 악사가 피리를 불고 있다.

앗소 항구에서 바라 본 미둘레네

예루살렘 (Jerusalem)

예루살렘에 도착한 바울은 제자들에게 선교의 열매를 보고함, 유대인들이 바울을 죽이려함. 로마 황제 가이사에게 호소함. 가이사로부터 재판을 받기 위하여 로마로 감.

이방인 성전안뜰 출입금지 비문

어떤 이방인도 성전 안뜰로 들어가서는 안 되며, 붙잡히는 자는 죽음에 대한 책임을 자신이 져야 한다. 라임스톤에 새겨져 있으며 헤롯시대(BC 37-34)의 것
- 이스탄불 고고학 박물관

유대인들은 바울이 이방인(에베소 사람 드로비모)을 거룩한 성전 경내에 데리고 들어간 것으로 오해하고 죽이려 했음(행 21:28-29).

예수님 당시 헤롯 성전 모델

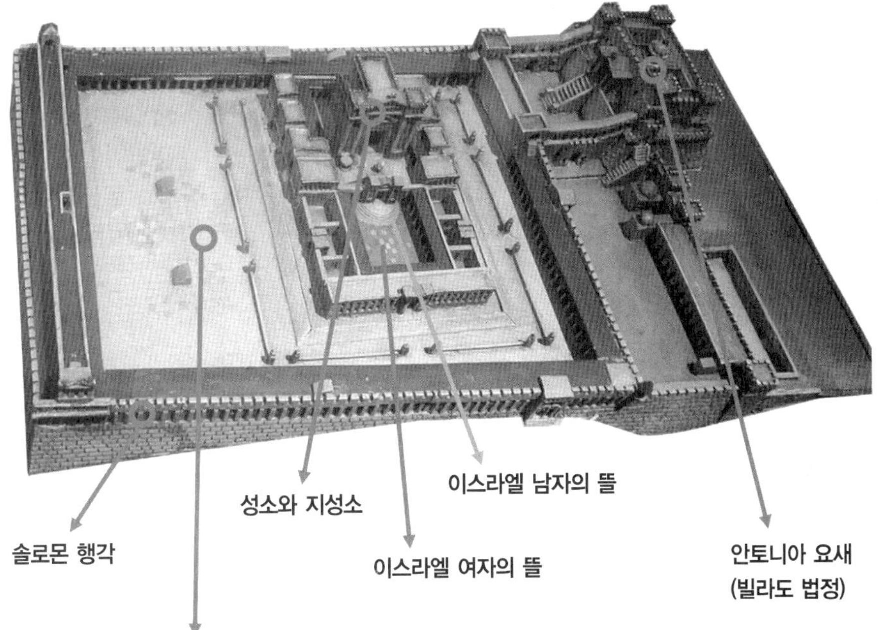

가이사랴 (Caesarea)

바울은 가이사랴의 감옥에 갇혀 있다가 로마로 호송되기 위해서 항구로 내려와 배를 탔다.

방청 실 (Audience Hall)

바울이 아그립바 왕에게 자신을 변명하고 전도한 곳(행 26:1).

아그립바 왕은 갈릴리 지역의 분봉왕으로 그의 누이이자 아내 버니게와 더불어 새로 부임한 총독 베스도를 예방하기 위해 가이사랴에 왔다(행 25:13).

바울의 로마 여행 코스 (행 27:1-28:16)

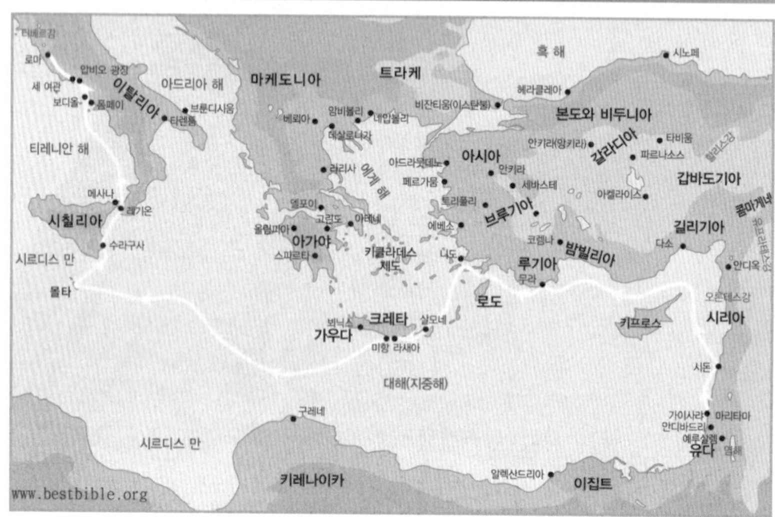

가는 길

가이사랴 – 시돈 – 구브로 해안 – 길리기아와 밤빌리아 바다 – 루기아의 무라성 – 니도 맞은편 – 살모네 앞 – 그레데 해안– 그레데의 미항(라세아 성) – 그레데의 뵈닉스 – 멜리데 – 수라구사 – 레기온 – 보디올 – 로마

멜리데 섬 (Melita, Malta)

우리가 구조된 후에 안즉 그 섬은 멜리데라 하더라 (행 28:1)
사진은 멜리데 섬의 일출이다.

아피아 가도 (Via Appia Antica)

BC 312년에 건설된 로마 최초의 고속도로, 로마에서 남쪽 카푸아(Capua)로 이어짐,
BC 244년에는 동쪽 해안의 브룬디시움(Brundisium)까지 연결되었음.
베드로, 바울, 콘스탄티누스 황제가 다 이 길을 걸었다고 생각됨.

바울의 4차 전도여행

1차 로마 감옥(가택 연금)에서의 석방과 전도활동

바울은 AD 62년 봄 풀려나 AD 66년 봄 다시 로마로 호송될 때까지 4년 동안 더 전도 활동, 바울은 디모데와 디도를 데리고 그레데에 가서 디도를 그레데에 두어 교회를 돌보게 함(디 1:5). 디모데를 에베소에 두어 교회를 돌보게 하고 마게도냐로 감(딤전 1:3-4).

마게도냐에 도착한 바울은 에베소에 있는 디모데에게 편지하여 목회방향을 지시(디모데전서). 디도에게 바른 목회를 위한 지침을 써서(디도서) 아데마나 두기고를 그레데로 보내 디도에게 전달(디 3:12). 바울은 디도에게 이 편지를 받는 즉시 자기가 앞으로 겨울을 지내게 될 니고볼리로 오라고 함(디 3:12).
디모데전서와 디도서는 AD 65년 여름이나 가을 경 마게도냐에서 기록,
바울은 AD 66년 봄 다시 체포되어 로마로 끌려가 AD 67년 6월 순교함.

그레데 항구

디도가 목회를 했던 그레데 섬의 항구

니고볼리

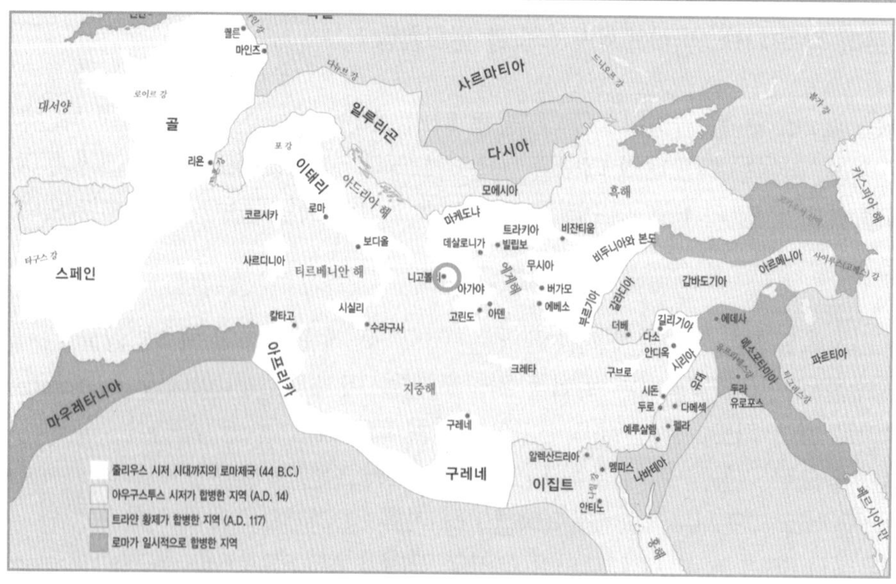

내가 아데마나 두기고를 네게 보내리니 그 때에 네가 급히 니고볼리로 내게 오라 내가 거기서 겨울을 지내기로 작정하였노라 (디도서 3:12)

험난한 산길

로마시대 마게도냐에서 에그나티아 도로를 따라 니고볼리로 가는 험한 산길의 한 장면

니고볼리 (Nicopolis)

아우구스투스(Augustus Caesar)가 BC 31년 9월 2일 악티움 전투에서 안토니우스를 물리친 것을 기념하여 지은 승리의 도시(Nicopolis, city of victory).
사도 바울이 AD 65년 말에서 66년 초까지 겨울을 여기서 보냄(디도서 3:12).
겨울을 지낸 뒤 AD 66년 늦은 봄에 바울은 디모데를 만나기 위해 에베소로 가려고 니고볼리를 떠나 마게도냐를 거쳐 드로아에 도착, 그러나 바울은 드로아에서 다시 체포되어 밀레도와 고린도를 거쳐 로마로 호송됨.

바울서신이 기록된 장소

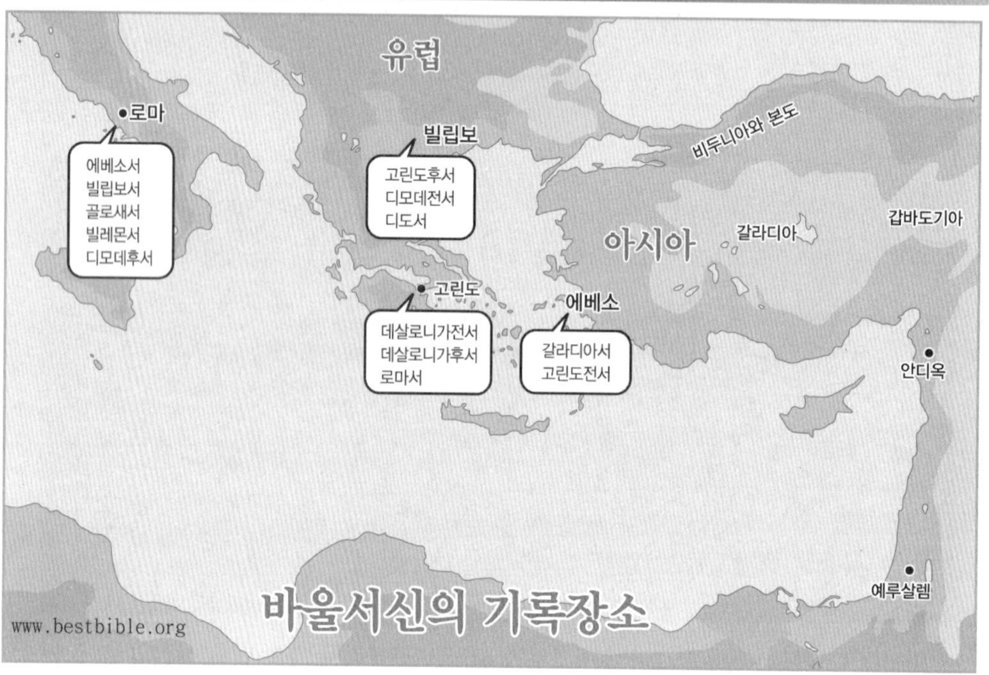

바울서신의 기록 시점 요약

2차 여행 중(AD 50년 3월말- AD 53년 5월) 고린도에서 쓴 편지
- 데살로니가 전후서 (AD 52년)

3차 여행 중(AD 53년 6월-AD 57년 5월) 에베소에서 쓴 편지
갈라디아서(54년 경), 고린도전서(55년 봄),
고린도후서의 일부(56년 오순절 이전)

3차 여행 중 마게도냐에서 쓴 편지 - 고린도후서의 일부(56년 가을)

3차 여행 중 고린도에서 쓴 편지 - 로마서(57년 초)

1차 로마 감옥에서 쓴 편지 - 에베소서, 골로새서, 빌레몬서, 빌립보서(AD 61년 경)

4차 여행 중 마게도냐에서 쓴 편지 - AD 65년 가을 - 디도서, 디모데 전서

로마에서 AD 67년 순교직전 쓴 편지 - AD 66년 가을 - 디모데 후서

바울이 들렀던 지방과 방문시기

바울이 구브로(키프러스)를 들렸던 해 - AD 46년 봄
바울이 갈라디아지방을 들렸던 해 - AD 46년 여름, AD 50년, AD 53년 봄, 여름,
바울이 빌립보를 들렸던 해 - AD 51년, AD 56년 가을, AD 57년 봄,
AD 65년 가을, AD 66년 봄
바울이 고린도를 들렸던 해 - AD 52년, AD 56년 늦가을 57년 봄 (겨울 3개월)
바울이 에베소를 들렸던 해 - AD 53년 초봄, AD 53년 가을 - AD 56년 초가을

가정교회가 모였던 집

예루살렘교회 - 마가라하는 요한의 어머니 마리아의 집 (행 12:12)
에베소교회 - 브리스가와 아굴라의 집 (고전 16:19)
골로새교회 - 빌레몬의 집 (몬 1:2-3)
라오디게아교회 - 눔바의 집 (골 4:16)
고린도교회 - 가이오의 집 (롬 16:23)
빌립보교회 - 루디아의 집 (행 16:40)
로마교회 - 브리스가와 아굴라의 집 (롬 16:3-5)

마메르틴 감옥 (The Mamertine Prison)

베드로와 바울이 순교 전에 로마에서 갇혔다고 전해지는 감옥이다.

바울의 순교

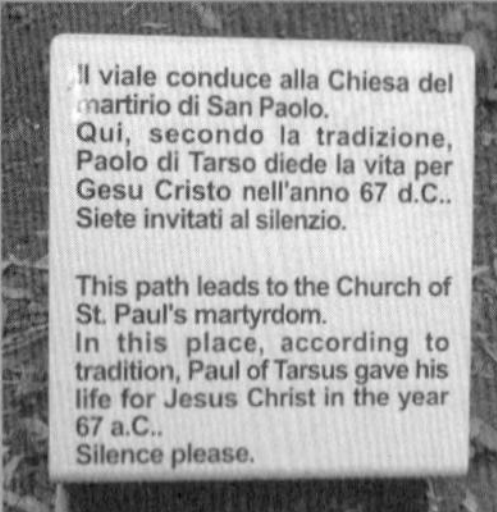

바울이 순교한 자리에 세워진 교회로 들어가는 길

"이 길은 바울이 순교 당한 장소의 교회로 이어집니다. 전하는 바로는 다소의 바울이 AD 67년에 그리스도를 위해서 마지막 그의 목숨을 이곳에서 바쳤습니다. 정숙해 주십시오"

바울 순교 교회

로마 근교 바울이 순교한 자리에 세워진 교회(the Church of San Paolo alle tre Fontane)이다.

바울의 처형

바울 순교 기념교회 입구에 있는 바울의 순교 장면에 대한 대리석 부조

바울은 이런 기둥 위에서 목베임을 당해 순교했다고 전해진다.

신약성경이 기록된 장소

제자들(사도들)이 순교한 곳으로 전해지는 곳

베드로 – 로마

안드레 – 파트라 (그리스)

빌립 – 히에라볼리 (터키)

바울 – 로마

마가 – 알렉산드리아 (이집트)

바나바 – 살라미 (키프러스)

도마 – 인도

다대오 – 이란

디도 – 그레데 (그리스)

요한 – 에베소

야고보 – 예루살렘

본 교재와 함께 사용할 수 있는 참고자료

1. **문화성경** - 숭실대 출판부 (문의: 02-820-0771)

2. **문화성경 스마트폰어플** - 아이폰과 겔럭시의 엡스토어(마켓)에서 '문화성경'을 입력하고 다운 받을 수 있음

3. **.교재해설 온라인 강의** - www.bestbible.org의 멀티미디어 자료실에서 '성서지리' 편 시청

문화로 배우는 성경

초판인쇄 _ 2011년 5월 17일
초판발행 _ 2011년 5월 23일
지은이 _ 박용우
펴낸이 _ 김대근
펴낸곳 _ 숭실대학교 출판부
서울 동작구 상도동 511
등 록 _ 제14-2호(1982.1.25)
TEL.02-820-0771~2
FAX.02-817-5297
http://press.ssu.ac.kr
컨텐츠 _ 202GRID
인 쇄 _ 한컴인쇄정보
정 가 _ **28,000원**
isbn 978-89-7450-272-0 03230